文物小丛书

朱启新 执行主编／贺云翔

玺印

黄 孟 著

CHINESE HISTORICAL
RELICS SERIES,
ROYAL SEALS

飞天出版传媒集团

甘肃文化出版社

图书在版编目(CIP)数据

中国文物小丛书. 玺印 / 朱启新主编；黄孟著. ——
兰州：甘肃文化出版社，2012.12
ISBN 978-7-5490-0385-3

Ⅰ. ①中… Ⅱ. ①朱… ②黄… Ⅲ. ①文物—基本知
识—中国 ②古印(考古)—基本知识—中国 Ⅳ. ①K87

中国版本图书馆 CIP 数据核字(2013)第 000813 号

玺印

黄孟 | 著

责任编辑 | 原彦平
责任校对 | 张莎莎
装帧设计 | 陈晓燕

出版发行 | 甘肃文化出版社
网　　址 | http://www.gswenhua.cn
投稿邮箱 | press@gswenhua.cn
地　　址 | 兰州市城关区曹家巷 1 号 | 730030(邮编)

营销中心 | 王　俊　贾　莉
电　　话 | 0931-8454870　　8430531(传真)

印　　刷 | 三河市明华印务有限公司
开　　本 | 787 毫米×1092 毫米 1/32
字　　数 | 130 千
印　　张 | 6.375
版　　次 | 2014 年 12 月第 1 版
印　　次 | 2017 年 10 月第 2 次
书　　号 | ISBN 978-7-5490-0385-3
定　　价 | 28.00 元

总序 | 贺云翱

人类在漫长的历史进程中创造了无数的文化财富，保存到今天的物质形态，被我们称之为"文物"，实际上就是"文化遗物"，广义上可以称之为物质形态的"文化遗产"，它与非物质形态的文化遗产共同构成了人类的文化遗产体系。

包括"文物"在内的文化遗产是人类进行现代化建设的基石，具有重要的科学研究、历史教育与见证、艺术欣赏与创作、文化传承建设与文化多样性发展、情感认同与良好情操培育、经济开发特别是文化产业及旅游业开发、生态文明建设与可持续发展等广泛价值，因而受到各国政府和民众的高度珍惜、保护与认知。然而，"文物"作为历史的产物，毕竟与今天的生活环境、语境等有着较大的差异，没有专门的知识和概念理解，我们很难把它融入到现代社会生活和文明建设活动中，为此，学习和普及文物知识成为当代文化教育和创新思维训练的重要任务之一，同时也是实现文化遗产现代价值的必要途径之一。

中国是一个有着百万年历史的文化大国和5000年文明历史的文明古国，中国文物可谓博大精深，知识体系浩瀚广阔。面对当前正在建设社会主义文化强国的历史性任务，为了有利于广大青少年学生和社会上的非专业人士学习和掌握文物知识，甘肃文化出版社与南京大学文化与自然遗产研究所合作，组织编写《中国文物小丛书》，按照文物的特质或功能特征及逻辑发展结构，分门别类地对"文物"及相关知识进行梳理，再编写成书，逐步出版。希望这套丛书对普及文物及文化遗产知识，提升阅读者对中国古典文化和中国文明体系的认知水平，培育文物艺术欣赏能力，汲取深广的文化营养并作用于文化传承与文化创新事业有所贡献。

　　中国还是一个有着悠久的文物研究传统的国家。至少从北宋开始，就已形成了文物研究的专门学科——金石学；大约在19世纪初叶，从西方国家又传入了现代考古学。一代又一代的金石学家、考古学家、文物学家以自己的辛勤劳动与杰出智慧，为我们今天编写这套丛书提供了大量可供参考引用的基础性研究成果。在此，我们向他们以及相关成果的原出版机构表示衷心感谢！在丛书编写过程中，原文物出版社《文物》编辑部主任、文物研究专家朱启新先生付出了巨大心力，我们对他表示深切的敬意！我们还要感谢甘肃文化出版社给予中国文物学术事业及文物知识推广普及事业的热情投入！感谢南京大学考古与艺术博物馆、南京大学考古学资料室及南京大学图书馆、中国社会科学院考古研究所资料室等给予我们的编写工作所提供的大力支持！

　　是为序。

　　　　　　　　　　　　　　2013年4月8日写于南京大学文科楼

目录 | Contents

玺印的源流

玺印的类别

蔚为大观的明清篆刻艺术

玺印鉴赏与辨伪

璽印的源流

一、扑朔迷离的三方古玺

　　玺印是古代人们行使权力或互相交流的信用凭证，是中华文明的一个缩影。作为文物具有很高的研究和艺术价值。一枚枚印章呈现在我们眼前的时候，我们不仅惊讶于它们精巧的构思，典雅的印文，更为它们身上反映出来的历史所吸引。在许多的古代文献中，都可以看到有关玺印的记载，如《左传》里面记载了季武子取得卞邑后派遣公冶携带文书向鲁襄公汇报。可见印章已经有了文书的使用功能。再如《周礼》的相关记载中，我们可以看到印章作为信用凭证已经出现在日常社会生活中，没有印章是不能随便在各种场合出入的。

　　玺印的起源很早。新石器时代的铜器上有诸多带有戳印纹饰，由带有纹饰的陶制戳子即印模在器物上拍打或钤印而成。这些带有不同纹饰的印模，可能为玺印的前身，但此时的印模并不具有信用凭证的功用。真正具有信用凭证功用的玺印，据说在商代晚期就已经有了。20世纪30年代，古玩巨头黄浚（jùn）将他收藏的安阳殷墟古物集成《邺中片羽》一书，书中记载了三件商代玺印。三件玺印皆为扁平的板状印体，铜质，印面呈正方形，鼻钮，阳文（图1~3）。之后，关于这三枚古印发生了很多争论，三枚古印的身世显得扑朔迷离。有的学者，如董作宾、于省吾、李学勤等，认为它们是商代玺印；而有的学者，如沙孟海、高明等，认为它们可能是铜器上的附属装饰，但是定位在商代，缺乏科学根据。

图1

图2

图3

　　春秋中期季武子用玺书则可以说明至迟在春秋中期已经确定出现玺印，今日所见的部分古玺中可能就有春秋时物，文物鉴定家史树青先生认为"夏虚都左司马""夏虚都丞""夏虚都司徒"三件玺印的时代皆为春秋时期。前两方印收在清道光时人杨澥（xiè）所辑《古今印汇》一书中。后一方玺印现藏故宫博物院，铜质、鼻钮、阴文。由于实物资料少，但是春秋和战国时代玺印具体的区分标准还并不清楚，并不排除现在诸多定为战国的玺印中有些属于春秋时期。

二、名称的纷繁复杂

　　玺印自登上历史舞台之后，名称几经更改，改朝换代的同时常会带来玺印名称的改变。玺印的某些名称也代表了特定的时代，对玺印的研究和鉴赏起到重要的作用。

　　玺：战国时期是玺印发展的滥觞期，文献资料和出土印章中都出现了玺字。战国时古文"玺"字写作"鉨"，根据玺印本身材质的不同，"鉨"字从土或从金。战国时期，官印、私印皆可称鉨，如传世的战国官印有"连尹之鉨"（图4）、"司马之鉨"（图5）。私印有"王閒之鉨"等。秦始皇统一六国之后，改革用印制度，"玺"成为皇帝的专用名称。政府官员和平民只能用"印"。至汉代时，用印制度有所改变，皇帝、皇后、诸侯王和王太后用印皆可称玺。如"皇后之玺"（图6）、"淮阳王玺"（图7）、"广陵王玺"（图8）。

图4　连尹之鈢

图5　司马之鈢

图6　皇后之玺

图7　淮阳王玺

图8　广陵王玺

印："印"字最早在甲骨文中出现，是一个以手抑按，使人跪下的形象，表示动作。从目前的材料来看，最早在秦官印中，印开始代表印章，如"昌武君印"（图10）、"官田臣印"、"右褐府印"、"工师之印"。秦私印中有"大夫奕私印"。秦始皇改革用印制度后，"印"字作为百官及平民用印名称。《汉书·百官公卿表》唐颜师古注，引《汉旧仪》："六百石、四百石至二百石以上，皆铜印鼻钮，文曰印。"

章、印章：西汉中期，汉武帝改革用印制度。因为五行中，汉属土德，土在五行中数五，因此规定印章文字由原来的四个字改为五个字，并且称为章。如"会稽太守章""虎牙将军章"等。《汉书·百官公卿表》："凡吏秩比二千石以上皆银印。"唐代颜师古引《汉旧仪》："银印背龟钮，其文曰章。"可见，汉代只有二千石以上的职官方可以使用"章"字。当职官名称不足四字时，则用"印章""之印章"来补充。如"上将军印章""校尉之印章"（图11）。汉魏私印中，由于姓名可能是两个字，为在方印中方便排列，除

图10　昌武君印

图11　校尉之印章

使用"印""印章"之外，还有使用"印信""信印""私印""私信""之印"等。信即取信于人的意思。如"李定印信""孙并信印""李渭私印""李生私信""周阳之印"等。

宝：据《唐书·舆服志》记载，武则天认为"玺"字音同"死"字，将"玺"改为"宝"。唐中宗时又将"宝"改回为"玺"。至唐玄宗开元年间时，又将"玺"复改为"宝"，此后，玺、宝兼用。不过"宝"字的使用频率要大于"玺"。清朝皇帝所用的二十五方御玺皆自名为"宝"。

记、朱记：目前所见材料中，唐代印章中最早用"记"。"朱"为红色之意，印章用红色印泥钤盖，所以称为"朱记"。传世宋印中有"勇捷右第四指挥第二都记"，印背有太平兴国四年款。传世宋印中又有"通远军遮生堡朱记"（图12）。五代有"元从都押衙记"及"右策宁州留后朱记"（图13）。

合同：南宋和金代官府发行的会子（当时的纸币）上，都使用合同印，如传世的"壹贯背合同"印（图14）。印为铜质，印文楷书，印在会子背面。

关防：关防是在明代初年开始出现，明太祖朱元璋为消除在空白纸上预先盖印以备用

图12　通远军遮生堡朱记

图13　右策宁州留后朱记　　　　　图14　壹贯背合同

的现象，规定文书盖印时，必须要与登记的簿子一起钤盖，这样则使印文一半在文书上，另一半在簿子上，称为"关防"。印为长方形，文字也为全印一半。后来此法不再使用，只把临时性官员的印章叫做"关防"，印仍为长方形，但印文完整。如明万历二十二年（1594年）所造的"前军都督府都督佥事朱关防"。清代，临时性的官员所用长方形印称为

"关防"，如清乾隆五十年（1785年）"陕西绥德城守营都司金书之关防"（图15）。民国以来，凡是行政系统内的机关，有永久性质的都用"印"，其他的皆用"关防"。

符、契、记、信：明末农民起义军领袖李自成为避父亲李印家的名讳，规定印章中一律不用"印"字，改用符、契、记、信等来代替，如"夔（kuí）州防御使符"、"辽州之契"、"通政司右参议之记"（图16）、"三水县信"等。

图15　陕西绥德城守营都司金书之关防

图16　通政司右参议之记

三、材质的考究多样

　　玺印的用材较为多样，从战国至明清时期官、私印中使用了金、银、铜、玉、琥珀、玛瑙、煤精、滑石、骨角、木、石等材质。

　　金印：黄金为贵金属，普通民众难以得到，在印章中，多为皇帝和高官及部分少数民族政权的王才能使用，如广州西汉南越王墓出土"文帝行玺"金印、内蒙古乌蒙凉城蛮汗山沙虎子沟出土的"晋鲜卑归义侯"及"晋乌丸归义侯"金印、陕西咸阳出土北周"天元皇太后玺"金印（图17），等等。私印中也有金印，如陕西西安出土汉代"王精"金印。

　　银印：目前所见银印最早始于战国私钤，以后历代皆有使用。如东汉官印"琅琊相印章"、新莽"五威司命领军"及内蒙古乌蒙出土的"晋鲜卑率善中郎将"银印，等等。

　　铜印：铜在印章中使用最多，古代官、

图17 天元皇太后玺

私印中多数为铜印。铜印浇铸刻划较为容易，且易于保存。虽然明清以来，私印中多用石料，但在官印系统中主要还是使用铜印。如西汉的"宜春禁丞""渭成令印"等。

玉印：玉在古代中国，以其质坚、性温、色美被许多领域所使用，且常以玉比德，为君子所喜。自战国以来，玉印一直使用，汉代官印用玉者只有帝后，私印中用玉的较多。宋元明的押字也多用玉印。如"皇后之玺"等。历代玉印中以汉代玉印最为精美，艺术价值极高。

琥珀印：琥珀较为难得，用印较为少见，陕西咸阳出土有西汉晚期的"惠君"印及天津艺术博物馆所藏的汉代"杨禁私印"皆为琥珀印。

玛瑙印：玛瑙为玉髓的一种，质地坚硬，用印较为少见，湖南长沙汉曹巽墓曾出土"曹巽"和"妾巽"两方玛瑙印。

煤精印：煤精是一种特殊的煤，为古代松柏等树木石化而成，夹杂在煤层中，又称为"煤玉"。黑色，质地坚硬，用印较为少见。新疆民丰城出土的东汉"司禾府印"即煤精印。

滑石印：滑石又被称为透闪石，在矿物中属于最软的一种，用印不多。湖南一带出土了一部分汉代文景之间的滑石印，皆为随葬所用。因为石质较软，刻划较为随意。如"汉寿左尉"（图18）、"桂丞"印等。

图18　汉寿左尉

骨角印：骨角用印较少。长沙战国墓出土"敬"字词语印即为牛角印，山西大同金代阎德源墓曾出土了四件牛角印。

木印：所见不多，且难以保存，湖北江陵凤凰山西汉早期墓葬中出土了"张偃、张伯"两面印，朝鲜汉墓中出土了"乐浪太守橡王光之印"等。

石印：元以前，以石入印较为少见，湖南长沙汉墓中出土过部分石印，文字粗劣，为殉葬物，如"长沙祝长"等。元代自王冕使用花乳石入印以后，石印迅速流行起来。

除去以上所列材料外，还有以象牙、绿松石、铅、瓷等材料制印者，但皆为少数，故不详述。

四、艺术形式的多样创意

中国目前所见的玺印数量大、种类多，因此对玺印形质的分类很有必要，玺印的形制主要由印形和印面来决定，印形中会涉及玺印的钮制，将会在下节详细叙述。玺印按照印形主要可以分为一面印、双面印、四面印、五面印、六面印、子母印、拼合印、带钩印、戒指印，等等。

一面印：古代印章中印面形式的大部分皆为一面印，内容多样。

双面印：始于秦代，今日所见多为汉魏时物，扁方体，印面方形，无钮，两面印文，印文之间横穿一扁孔，以穿绶佩带，因此又叫穿带印。双面印印文内容的安排通常为两种情况：一，一面为姓与名，另一面为姓与字。也有不著姓，而用一个"臣"或"妾"字替代。二，一面为姓与名，另一面为吉语或画像，也有两面皆为吉语或画像的情况，

张安之印　　　　　　　　　　臣安

图19　双面印

实例较少。（图19）

　　四面印：四面印的形制类似双面印，正方体，其中四面为印文，另两面之间横穿一扁孔，用以穿绶佩带。

　　五面印：印形为正方体，一面为印钮，其余五面为印文。

　　六面印：印形为正方体，一面为印钮，钮的顶面刻有印文，加上其他五面印文，所以称为六面印，五面印的钮可以有很多种，但六面印的钮只能是柱钮。通常钮顶的印文要比其他五面印文大小上小很多。钮上常设一穿孔，用以穿带。（图20）

　　子母印：一方大印中套一方小印，大印

张震

张震言疏

臣震

张震

张震言事

张震白笺

图20　六面印

为母印，小印为子印，所以叫做子母印。大
印中空，小印尺寸正好适合大印中空部分，
放入之后，契合严密，不仔细观察，并不容
易发现是两方印。也有把大印的做成兽钮，
子印钮做成小兽，放入之后，呈母抱子的形
状。通常为一方大印，一方小印。也有一方
大印，两方小印的情况出现以及无钮的方形
套印等，设计十分精巧美观。（图21）

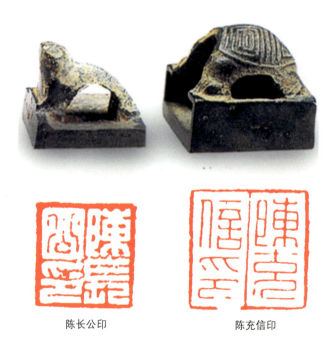

陈长公印　　　　　　　　　陈充信印

图21　子母印

拼合印：始于战国时期，几块印拼合在一起正好组成一方完整的印，完整的印形常为圆形。有三块相合，也有两块相合的情况。

带钩印：带钩为古代生活用品，为腰间挂钩，多为有身份的人使用。一般由钩首、钩身、钩钮组成。在钩钮顶面上刻有印文或画像，即为带钩印。（图22）

戒指印：戒指上附印的情况战国时代已经出现。戒指是套在手指上的饰物，又称指约。

玺印按照印面主要可以分为方印、圆印、半通印、凸形印、连珠印、葫芦印，等等。

方印：方形印面占古代印面的大部分，早期印身为扁方体，上附钮。明清时，印身

图22　带钩印

改为方柱状，但印面仍为方形。（图23）

圆印：早期圆形印面的印身为扁圆形，上附钮，钮中以鼻钮居多。明清时，印身变为圆柱状。（图24）

半通印：印面长方形，为方形印面的一半大小。秦汉时期身份低微的官员所用印章即半通印。半通印以两字居多，字与字之间以界栏隔开。排列形式有横式和竖式两种。（图25）

凸形印：方形印面上突出一小块方形印面，形成凸形印面，是古印的一种特殊形式。主要出现在战国时期的齐玺中，如"易敞邑圣遽盟之玺"。（图26）

图23　方印

图24　圆印

图25　半通印　　　　　　　　　图26　凸形印

连珠印：一个印身，但印面中字与字隔开，看起来像是两个印面，但钤盖的时候，两个印面一起出现。还有三个印面、四个印面连在一起的，二连珠始于唐代。连珠印多为小印。小印钤盖时位置把握较难，将印面放在一个印身上则很好地解决了这个问题。连珠印的形式除方形外还有圆形、椭圆形、三角形等。（图27）

葫芦印：印面为葫芦形，产生较晚，印

身有葫芦形，也有长方形。（图28）

除去以上的几种形制外，还有鼎印、琴印、条状印、三扇形印、扁方印、瓦当形印等，实例较少，在此不再一一详细叙述。

图27　连珠印　　　　　图28　葫芦印

五、时代和身份的象征之玺印的钮与绶

　　玺印主要有印台和印钮组成（部分玺印不设钮，双面穿带印）。自战国以来直到明清，钮制皆作为身份和等级的象征。印钮上穿系的绶带叫做印绶。印绶的材料和颜色在秦以前，不具有特别的象征意义。汉代以来，印绶的颜色和材质是身份和等级的象征，印绶的使用有着具体的规定，不允许僭越。

　　钮制：印钮的发展在不同的时期呈现出一定的特点，以下分别以先秦时期、秦汉魏晋南北朝时期、隋唐宋元明清时期为时段进行叙述。

（一）先秦时期

　　这个时期是中国玺印发展的第一个高峰，战国时期，列国玺印皆有自己的形制风格，苏秦佩六国相印的故事也反映了这个情况。这个时期玺印的钮制也很丰富，主要有以下几种：

鼻钮：战国时期开始流行，此后各代皆有使用，为钮制中最多见的式样。战国时期鼻钮的钮身和穿孔较小，有一层和多层内收的情况出现。（图29）

亭钮：钮形为亭子，精巧美观，亭子有单层和多层之分。

覆斗钮：斗为上大下收的梯形，覆斗形则下大上收，类似斗翻过来的形状。多用于玉印中。（图30）

图29　鼻钮

图30　覆斗钮

拼合钮：拼合印的钮，有二合钮、三合钮等。二合钮即是一个完整形状分为两半，然后拼合以后又能形成一个整体。二合钮拼合前相合面有字母榫头，拼合后为圆柱状，上有一孔，用于穿带。三合钮拼合前每个钮上皆有耳。拼合后为圆柱状，耳为穿带所用

柱钮：战国时多使用，汉魏时期沿用。钮呈近似方柱体，部分呈扁方柱体。柱上部或下部有一孔，用于穿带。（图31）

图31　柱钮

觿钮：觿（xī）是古代用来解绳结的锥子，弯角形。古老的《诗经》中就有"童子佩觿"的记载。

辟邪钮：辟邪为一种传说里的神兽，有翼，形体如狮，能辟妖邪。

除以上几种钮制之外，先秦玺印的钮制中还有人形钮、虎头钮等。

（二）秦汉魏晋南北朝时期

秦始皇统一六国后，开始统一玺印的风格和钮制。到了汉代，玺印发展到另一个高峰期，使用已经有严格的等级限制和规定。在中国玺印历史上汉印以其厚重、大气颇为人称道。这个时期鼻钮仍然是较为多见的钮式。另外此时由中央政权颁给少数民族首领的官印所使用的钮制也很丰富多彩。

龟钮：是这个时期玺印最主要的钮式，始于汉代，魏晋、南北朝继续沿用，但拥有不同的风格，晋代龟钮中龟多站立，四肢分立。龟是长寿之物，以龟为钮有一种吉祥之意。其使用具有严格的等级限制，主要体现在用印的材质上。另外秦汉帝后专用印钮皆

为螭虎、龙钮等。（图32）

　　瓦钮、桥钮：瓦钮从鼻钮演变而来，因形似筒瓦而得名，后代多有沿用。桥钮类似瓦钮，只是跨度更大，形状类似拱桥。桥钮只见于汉代私印中。（图33）

　　环钮：钮为一圆环，汉代宗教印章中有

图32　龟钮

图33　桥钮

采用此钮制的情况，南朝官印中也较多见。

两汉魏晋时期，周边有较多的少数民族政权，在与中央政权交往或者归顺中央以后，中央政权会颁给少数民族政权首领官印，传世品较多。这些首领印的钮制多为兽钮，主要有驼钮（图34）、马钮、羊钮、兔钮、鹿钮等。

（三）隋唐宋元明清时期

隋唐时期，印面逐渐增大，钮也由原来的龟钮、鼻钮转变为长形柄钮，原来柄上部有穿，后穿逐渐移到柄的下部，最后穿消失，形成把手形式的柄钮。宋元时期，印面再次增大，不再穿孔佩带，柄钮也在逐渐地增高。

图34　驼钮

明清时期官印基本沿袭宋元形式，但钮更高，
称为杙（yì）钮。（图35）

　　龙钮：只为帝王所使用，传世品以清代
居多。有五代前蜀王建谥宝、清代皇宫二十
五宝等。（图36）

图35　杙钮

图36　龙钮

开始于宋代、兴盛于元代的押印在钮制上与这个时期单调的钮制有较大不同。主要可以分为鼻钮、桥钮、人物钮和动物钮等。其中动物钮中包括狮钮、马钮、鸟钮等，人物钮也有很多形式如骑马式等。

绶制：自秦代开始，钮中的穿带具有严格的等级限制，不同的官员印绶使用不同的颜色。自隋唐开始，佩带的作用逐渐消失，印绶也自然失去了自身的等级意义并逐渐消失。绶的使用在不同的朝代具有不同规定，以下按照绶带的不同颜色分别述说：

赤绶：秦朝皇帝所用赤绶玉玺。两汉魏晋南北朝时皇帝、皇后、皇太后用黄赤绶。东汉时诸侯王用赤绶。

紫绶：秦时三公皆用紫绶，两汉魏晋和南朝规定凡得金印者方可使用紫绶。北朝时一品和二品官员用紫绶。

青绶：秦时凡得银印者皆用青绶，三公中的御史大夫也同样使用青绶银印。西汉时二千石以上的银印官员方可使用青绶。东汉时九卿、中二千石、二千石的官员也使用青绶。北朝时三品、四品官员使用青绶。

　　黑绶：秦时郡丞（包括郡丞）以下，县令（包括县令）以上的官员用铜印黑绶。西汉时凡秩在六百石以上得铜印的官员用黑绶。东汉千石、六百石官员皆用黑绶。北朝时黑绶改称为墨绶，五品、六品的官员使用墨绶。

　　黄绶：秦时县丞和县尉使用铜印黄绶。西汉凡二百石以上得铜印的官员使用黄绶，东汉四百石、三百石、二百石官员使用黄绶。

六、印文的种类

玺印的印文在不同的时代呈现出不同的字体和风格，对印文的分类有助于对玺印年代的判断。按照玺印钤盖出来的形象可以分为阴文和阳文两大类。

阴文：印面文字是凹进去的，钤盖出来文字部分是空白色，又称白文。

阳文：印面文字是凸起来的，钤盖出来文字部分带有颜色（印章若带有边栏，则边栏也带有颜色），其余部分为空白色，又称朱文。

按照字体，印文可以分为战国古文、秦篆、汉篆、缪篆、鸟虫书、悬针篆、九叠篆以及各少数民族文字。

战国古文：印面文字多是与钟鼎彝（yí）器上的铭文类似，风格不一，不同朝代写法多有不同。既有阴文，也有阳文，阳文多为铸造。（图37）

秦篆：秦代官、私印文字，形似于当时权量诏版上的文字，类似小篆方写，方中寓圆。秦印印面多有界栏，四字印多用田字格，半通印多用日子格。汉印中也有加界栏者，但属少数。（图38）

汉篆：汉代官、私印文字，文字字形基本沿用秦篆，早期部分玺印加有界栏，汉篆中文字为了布局和工整化，会将一些弯曲的笔画取直，或者添加、减少笔画。以使印面更符合当时的艺术要求。汉篆布局严谨，大气且庄重，十分美观。（图39）

图37

图38

图39

　　缪篆：关于缪篆的解释有两种：一，汉私印中文字屈曲回绕的篆书，妩媚秀丽，装饰效果强烈。二，汉魏晋官、私印文。本文采用第一种解释。如"潘刚私印"。（图40）

　　鸟虫书：鸟虫书最初出现于春秋战国时期，可能用于书写幡信，用来传达命令或其他信息。迄今未见幡信存世，但在春秋战国时期的某些青铜器上刻有以鸟虫为笔画的文字，如王子匜、越王勾践剑等。西汉时期得到很大发展，汉私印中印文文字的笔画屈曲回绕类似虫子弯曲，笔画多写作鸟状、鱼状。具有很强的艺术效果。如著名的汉玉印"婕

妤妾婧"。（图41）

悬针篆：魏晋时期六面印多用此种篆书写法。文字中竖笔加长下垂，尾部尖细，类似悬针，故名，具有较强的时代特色。（图42）

九叠篆：隋唐时期，印面增大，篆书写法开始出现屈曲的情况。至宋代以后，文字笔画屈曲转折，层层相叠，填满印面，多用于官印。虽称为九叠篆，其实并非所有的笔画都叠九次，主要形容叠的次数之多，还有叠八次、七次的，主要看印面的布局分布。（图43）

各少数民族文字：宋代以来，部分少数民族政权都创造了自己的文字，较难识别。如西夏、女真、蒙古等少数民族在官印中都使用自己的文字，显示了中华文化的多元性。

除以上几种入印书体以外，还有用其他书体的形式。如太平天国的玉玺则用楷书，以及部分的花押印也常用楷书。也有隶书入印的形式，如"右策宁州留后朱记"（见图13）。

图40

图41

图42

图43

玺印的类别

玺印的种类，依照使用的对象不同可以分为玺与宝、官印、私印，私印中可以分为很多类别。以下分节叙述。

一、传国玺的故事

　　秦始皇统一六国后，制成传国玺，以求秦王朝万世流传。此后秦朝迅速灭亡，传国玺流入汉朝，随着朝代变更，传国玺也不断地在不同的朝代之间流传，成为建立正统基业的象征，引来各路争夺厮杀，终不见踪迹。

　　据文献记载，传国玺四寸见方，蟠螭钮，印文为"受命于天，既寿永昌"。关于印文的书体，文献中有不同的记载。《世本》："以大篆书之……制如鱼龙凤鸟之状。"《玉玺记》："秦玺者，李斯之鱼虫篆。"《建炎以来朝野杂记》："李斯之鱼虫篆也。"宋时薛尚功《历代钟鼎彝器款识》记载了三种印文的版本。关于书体的记载多为鱼虫鸟书。但秦公印中并不见鸟虫篆书体。印文的书写之人，文献中皆记载为李斯，玉工孙寿刻之。（图44）

　　要讲传国玺的故事，先从和氏璧说起。

图44

　　传说传国玺是用和氏璧制成的。根据
《韩非子》记载：楚人卞和在楚山得到一块天
然玉料，认为其内有美玉，于是将之献给厉
王。玉工鉴定后认为那就是一块石头。厉王
大怒，命人砍掉了卞和的左脚。后来武王即
位，卞和再次将玉料献给武王，结果玉工仍
认为是石头。武王大怒，命人砍掉了卞和的
右脚。后来文王即位，卞和抱着玉在楚山下
哭了三天三夜，眼睛都流出了血。文王命人
询问卞和："被砍去双脚的人很多，为何你
如此伤心。"卞和说："我不是为失去双脚伤心，是为美玉被当成石头而伤心。"文王命人将玉料琢开，果真得到一块无瑕美玉。为纪念卞和，便将玉命名为和氏璧。和氏璧一直被楚国作为宝物藏着，后被赵惠文王得到。秦昭王得知此事，便提出以十五座城池来交换和氏璧。赵惠文王虽然心里不愿，但畏于秦国势力强大，就派蔺相如带璧出使秦国。蔺相如识破秦国想得璧而不给城的诡计，凭借自己的勇敢机智，使秦昭王没有得逞，和氏璧完好无损地带回赵国。这就是著名的"完璧归赵"。

秦始皇统一六国后，和氏璧归于秦国，秦始皇命人用和氏璧制成玉印，李斯书篆"受命于天既寿永昌"，以求万世相传。秦始皇死后，玉玺归秦二世。公元前207年，秦二世被杀，玉玺传给秦王子婴。后来刘邦率领起义军攻入咸阳，子婴投降，玉玺又归了刘邦。

后来，传国玺在汉宫中世代相传。西汉末年，王莽篡位，当时孺子刘婴年幼，传国玺保存在天后的长乐宫里。王莽便派人去索要，太后大怒，万般无奈之下将玺掷于地上，磕掉一角。王莽用黄金将缺角补上，期望玉玺能保自己万世基业。

公元23—24年，刘玄在关中称帝，王莽被杀，刘玄入主长安，传国玺又归刘玄所有。后来赤眉军杀死刘玄，传国玺归于赤眉军之手。时间不长，赤眉兵败，刘秀获得传国玺，成为东汉的开国皇帝。传国玺在东汉宫中世代相传直到汉献帝。汉献帝时，董卓作乱，传国玺被掌玺官扔入洛阳井中。孙坚起兵征董卓，在洛阳井中寻得玉玺。袁术得知后，强拘孙坚之妻，夺得传国玺。袁术死后，荆州刺史奉玺归汉。

公元220年，曹丕称帝，传国玺归魏。据传曹氏在传国玺肩部刻上"大魏受汉传国玺"八个字。然而好景不长，45年后，司马炎称帝，传国玺归晋。后传国玺又相继归前赵、冉魏之手后，后复归东晋。晋亡后，传国玺又相继归宋、齐、梁、陈。

公元589年，隋灭陈，获得传国玺。隋末，萧后与太子正道带传国玺逃往北突厥。唐太宗贞观年间，萧后与太子正道从突厥回来，奉玺归唐。此后传国玺在唐宫中一直传承下去。

公元 907 年，朱温篡唐，玺归后梁。公元
923 年庄宗定乱，传国玺归后唐。后石敬瑭作
乱兵临洛阳。废帝从珂抱玺自焚。自此传国
玺不知所踪。

后传国玺在宋朝、元朝时再次出现，但
真假难辨，恐是好事者为博皇帝欢心，而私
刻玺印。至明代时，传国玺的象征意义消失，
统治者也不在为找寻传国玺而再费尽心机了。

二、历代沿用的玺与宝

秦代制定御府六玺，此后各个朝代一直沿用，并逐渐增加。六玺分别为：皇帝之玺、皇帝行玺、皇帝信玺、天子之玺、天子行玺、天子信玺。皆为玉印，蟠螭（pán chī）钮。六玺均有不同的职能，且在不同的朝代职能不同。如汉晋南朝时皇帝之玺用于诏书、文告，皇帝行玺用于赏赐，皇帝信玺用于军队调动和派遣使节，天子之玺用于册拜外国，天子行玺用以召大臣，天子信玺用于事天地。

北朝和隋朝时制度稍有变化，隋朝时加制两方传国玺，名为"神玺"和"受命玺"。

武则天认为"玺"与"死"同音，改"玺"为"宝"。唐中宗时又将"宝"改回为"玺"，玄宗开元年间，又将"玺"复改为"宝"。

北宋时自制"受命宝"，加上其他六玺和"镇国宝"共八宝。宋徽宗政和年间新增十六字"定名宝",名为"范围天地、幽赞神明、保和太和、万寿无疆"。南宋时新增"皇帝亲崇国祀之宝"、"天下合同之宝"、"书诏之宝"三方金印及"大宋受命中兴之宝"和"受命于天,既寿永昌"五宝,合计十四枚宝印。

元朝时只有传国玺和六宝,印文改变为八思巴文。

明代前期,皇帝御印为十七方,至嘉靖皇帝时增加到二十四方。

清朝乾隆年间,将御印定为二十五方,其中二十方沿用明制,新增五方,分别为"大清受命之宝""大清嗣天子宝""皇帝之宝""制驭六师之宝""敕正万邦之宝"。其中除"皇帝之宝"只用满文外,其余皆用满文和汉篆两种文字入印。

三、历代官印

（一）多姿多彩的战国古玺

官印在不同的朝代具有不同的风格，使用有不同的规定，但也能看到相互影响的因素。

战国时期，群雄并起，玺印都带有自己国家的特色。

楚：战国时期，楚国位于南方，中心在今湖北、湖南、河南、安徽一带，先后以郢（今湖北江陵）、陈（今河南淮阳）、巨阳（今安徽太和）、寿春（今安徽寿县）为首都。楚官玺形制大小不一，印面多加界栏，印文多做白文，且文字较为多样，某些字的写法与中原诸国有很大的区别，如"鉨""府""陈"字等，部分官名也为楚国所特有，如莫敖、庄敖、连敖等。楚国官玺字形美观、逸气纵横，如"大莫嚣（xiāo）鉨"印。（图45）

图45　大莫嚣鈢

此印于文物普查时在安徽六安发现，"大莫嚣"仅见于《汉书·曹参传》。1978年，曾侯乙墓发掘过程中，发现有此官名的木简。包山楚简中也有此官名。

齐：齐国位于今山东、河北东南、江苏北部一带。齐官玺也多用边栏，印面呈正方形，白文为主，个别印面中间上方会突出一小块印面，即前文介绍的凸形印。齐玺的文字写法也具有较强的多样性。如"齐立邦鈢"印（图46）。"立邦"应为立国之意，此鈢据曹锦炎先生观点，可能为田氏篡（cuàn）齐时所制。

燕：燕国官玺的形制规格较为统一，主要为两种形制，一为方形印面，边长为

2.1~2.4厘米，多为白文；二为长条形柄钮，印面长条形，多为朱文，此种印形仅见于燕国。如"庚都右司马"印（图47）。"庚"为地名，文献不见庚地，仅见庚水。东汉许慎《说文解字》上说："灅（lěi）水出右北平浚靡，东南入庚。"庚水在燕国境内，故庚都应该也在庚水流域。

三晋：公元前403年，韩、赵、魏三家分晋，三国古玺风格较为一致。据曹锦炎先生的观点，三晋官玺印面较小，边长为1.5厘米左右，多为笔画较细的朱文。印面较为工丽

图46　齐立邦鈢

图47　庚都右司马

活泼，十分美观。如"乐成府"印（图48）。汉代有两个乐成县，其一属河间国，根据《汉书·地理志》对河间国的注解："故赵，文帝三年别为国。"可见此印应为赵国官印。如"富昌韩君"印。富昌为赵国地名，在今内蒙古鄂尔多斯左翼前旗。韩君为封号名，战国时统治者会给予一些人以封号，多以地名为封号，如平原君、华阳君等。所以此印应为赵国富昌邑韩君所用印章。

　　秦：秦国地处陕西关中，崛起于西周故地。继承周文化，文字使用大篆，并逐渐演变，入印文字已经具有一定小篆的特点。秦官玺印面多有界格，方形印面多田字格，半通印（使用者官职较低）用日子格。文字多为白文，笔法自然有力，工整不失活泼。方

图48　乐成府

图49　邦侯

形印面边长为2.2~2.4厘米。较小者在1.8~2.1厘米之间。长方形印面宽为1.2~1.3厘米，长为2.3~2.4厘米。较小者宽为1.1厘米，长为1.8~1.9厘米。

"杜阳左尉"印。杜阳为秦地名，杜阳县属内史，在今陕西麟游县西北。此玺为杜阳县左尉用印。

"邦侯"印（图49）。西汉初为避汉高祖刘邦名讳，改"邦"为"国"。此印当为秦印。邦侯指朝廷之侯，为职官名。据曹锦炎先生观点，邦侯为中尉属官名。

（二）首成定制的秦代官印

秦时实现统一，玺印的使用有了统一规定，具有严格的等级限制。秦时实行三公九卿制。三公中除御史大夫以外，另外二公皆用金印紫绶。御史大夫使用银印紫绶。凡比二千石以上官员皆用银印青绶，其余官员皆为铜印黑绶。

秦时玺印分为两种：一为方形印面，方寸大小，采用田字格。二为半通印，大小约为方印的一半，采用日字格。文字多为凿刻，

图50　小厩南田

少有铸造。风格天真爽利、活泼俊秀。

"小厩（jiù）南田"（图50）：铜质，鼻钮，白文，边长2.4×2.3厘米。印文加田字格。此印为秦管理宫廷小厩官田的官印。小厩，为秦宫廷厩苑名称，类似的还有大厩、中厩、宫厩等，田为田官。印文小篆风格浓厚，工整却不失秀丽。

（三）万世典范的汉代官印

汉印是中国玺印史上具有重要的地位，篆刻艺术兴起之后，艺术家皆奉秦汉印章为圭臬（niè），其印文笔画的处理、章法的变化吸引众多的艺术家心摹手追。如清代西泠八家之一的奚冈的印中边款中说："印之宗汉也，如诗之宗唐，字之宗晋。"汉印不同时期风格具有一定的变化，主要分为西汉、新莽、东汉三段。

1. 西汉时期

西汉早期即高祖至文景时期。高祖时玺印制度多沿用秦制，最明显的特点即是印面上依然多有使用界栏。此后有界栏和无界栏的印并用。印面基本呈方形，文字因为多出铸造，所以显得优雅工整，浑厚庄重。较秦印大，多为2.2厘米见方。这一时期，官印的钮制多为龟钮、鼻钮、蛇钮等。汉初龟钮形体狭长，龟首较短，背纹足纹刻得不甚明晰。南方地区有鱼钮。

"彭城丞印"（图51）：铜质，蛇钮。白

图51　彭城丞印

文，右上起顺读。2.5厘米见方。蛇腹部隆起呈鼻钮状，头部上扬。现存日本有邻馆。根据文献记载，汉时楚国设有彭县，县丞为助理官员。印文设有田字格，"印"最后一笔下垂，为秦和汉初玺印的特有写法，具有强烈的时代特征。此印方正规矩，篆法谨严，布局合理，大气庄重，十分美观。

"霸陵园丞"（图52）：铜质，瓦钮。白文，右上起顺读。2.3厘米见方。霸陵为地名，后文帝葬于此。《汉书·地理志》："霸陵，文帝更名，故芷阳。"园丞，官名。根据《汉书·百官公卿表》记载，太常卿属官重有陵寝园令，以管理陵园。此印已经没有界栏，笔画严谨中带点活泼，布局均匀。

西汉中晚期即武帝至汉末。这一时期，

图52　霸陵园丞

汉印风格基本摆脱了秦印的影响，形成了自身的独特风格。此时汉印已经基本不用界栏，印面的尺寸也比早期略有增大。钮制主要为龟钮和瓦钮，龟钮龟体增大，龟背周边已经出现加刻环线的情况。印面风格工稳端庄。汉末龟钮变得圆浑，瓦钮钮面加宽，印台增厚。

武帝时期对官印制度进行了两次改革，分别为：一，太初元年，根据汉据土德，土在五行中为五。凡二千石以上官员用印皆为五字。以"章"为名，二千石以下官员用"印"字。印文不足五字，则加"之"字补之。二，元狩四年，规定官印材质、尺寸。根据《汉旧仪》："今通官印方寸大，小官印五分。王、公、侯金，二千石银，千石以下铜印。"

"皇后之玺"（图53）：玉质，螭虎钮。

图53　皇后之玺

玺印的类别

白文。右上起顺读。2.8厘米见方。国宝级文物，现藏于陕西历史博物馆。玉为帝后专用材质，螭虎钮为皇帝、皇后专用钮制。这方"皇后之玺"采用的是和田玉中的极品羊脂白玉。关于印的主人，有两种观点：一，认为印的主人是吕后。吕后，名雉，汉高祖刘邦之妻，刘邦死后，被尊为皇后、皇太后。掌管朝政长达十六年之久。二，印的主人应为西汉文帝至武帝之间的某位皇后玉玺。香港中文大学王人聪先生和上海博物馆孙慰祖先生根据对印面风格的分析持此观点。

"文帝行玺"（图54）：1983年，在广州市越秀山象岗山发现南越王墓，墓主人身着玉衣，身上放置九枚印章。其中一"文帝行玺"最大，是我国考古发掘中第一次发现的帝王金印。金质，龙钮，龙身屈曲，鳞片可见。制作精美，白文，右上起顺读。3.1厘米见方。秦始皇统一岭南后，设立三郡。后来赵佗主持三郡事务，自立为武帝，建立南越国。其孙子赵眛继承帝位，是为文帝。汉朝建立后，赵佗曾取消帝号，向汉称臣。吕后专政以后，赵佗再次称帝。汉武帝趁南越国发生叛乱，灭南越国。共传五代，凡九十三年。

图54　文帝行玺

　　《史记》中记载文帝名为赵胡，根据出土
"赵眜"玉印和"文帝行玺"金印，判断墓主
人应为文帝赵眜。印面仍然采用田字界栏，
反映出时间上的滞后，以及与中央官制的不
同。汉时规定诸侯王可以使用金印，但此印
不仅使用金印，自称帝号，使用龙钮，且印
面比同时期官印大很多，并不符合汉制。印
文书篆严谨、工稳，具有一定汉印的风格。

2. 新莽时期

公元8年，王莽篡汉自立为帝，改国号为"新"。随后进行了一系列的托古改制，这其中包括对玺印制度的改革。新莽官印铸造精致、印文工稳秀丽，特征鲜明。

新莽印文中地名、官名多有改动，出现较多特别的爵号、封地号。如爵称有子有男，县令改称为宰。马丞、空丞等都是当时特有的官名。且在颁给少数民族的官印中印文首字皆为"新"。少数民族印制与中央政府一致。

新莽官印印面规整，为标准方形，尺寸统一在2.2厘米见方和2.4厘米见方之间。除个别特例以外，绝大多数的官印皆为铜印。二千石以上官员称"章"，二千石以下称"印"。印文多为五字或六字，少见四字官印。钮制较为多样，多鼻钮、瓦钮和龟钮。其中龟钮中龟身刻划精细，龟背多角纹、回纹。颈、足都有刻纹，十分精美。

"原都马丞印"：铜质，瓦钮。白文，右上起顺读。2.4厘米见方。原都，县名。《汉书·地理志》记载，并州刺史部上郡下有原都县。马丞为负责管理饲养官用马匹的职官。

图55　新前胡小长

《汉书·百官公卿表》记载："太仆，秦官，掌舆马。"属官有"边郡六牧师菀令，各三丞"。马丞应为三丞之一。

"新前胡小长"（图55）：铜质，瓦钮。白文，右上起顺读。2.3厘米见方。新为新莽国号。前胡，为当时匈奴一部。小长，为当时匈奴职官名。此印应为颁给匈奴一部小长的官印。

3. 东汉时期

东汉官印多为凿刻，风格较之于新莽官印，少了些秀丽，多了些方直。印文起笔收笔处往往多补切一刀，略呈燕尾状。印章略有增大，印台有所增高。钮制有瓦钮、龟钮等。龟钮龟首渐长，纹饰刻划稍显草率。半通印皆鼻钮或瓦钮。

"朔宁王太后玺"（图9）：1954年发现于陕西略阳阳平关。金质，龟钮。白文，右上起顺读。2.3厘米见方。东汉以前，官印中的"玺"字从土不从玉。目前所见最早"玺"字从玉的官印，即是此方朔宁王太后玺。根据《汉书·隗嚣公孙述列传》记载：公孙述在益州自立为天子，年号龙兴。龙兴六年时，隗嚣叛投于公孙述，第二年，被封为朔宁王，此印应为公孙述授予隗嚣母亲的玺印。此印印文篆法工整，铸造精良，为汉印中的精品。

"琅琊相印章"（图56）：银质，龟钮。白文，右上起顺读。2.5厘米见方。琅琊为王国名，两汉均有。《汉书·高五王传》记载："高后七年，割齐琅琊郡立营陵侯刘泽为琅琊王。"《后汉书·光武十五王列传》记载："琅琊孝王京，建武十五年封琅琊公，十七年进爵为王。"此印印台较高，且印文中的"相"字中的"目"上有一短竖笔，为东汉时期同类印文的典型特点。所以此印应为东汉时琅琊国国相印章。

东汉晚期，社会动荡，军旅官印很多，

图9　朔宁王太后玺

图56　琅琊相印章

且多为凿刻，印文粗劣草率。如"部曲将印""军曲侯印""别部司马""君司马印""军假司马""假司马印"，等等。

（四）天下归心：汉颁少数民族和东瀛（yíng）倭奴国官印

两汉及新莽时期，中央政权周边存在着许多少数民族政权，他们与中央政权之间经历过战争与和平，并最终相互融合。在融合的过程中，有很多少数民族政权归义中央政权，俯首称臣。汉朝中央为此颁给少数民族政权官印。根据现在存世官印，可以看出汉颁少数民族官印有着鲜明的特点：为标明中央政权，官印多以"汉"为起首字，印文中明确标明颁发的族属。征战有功者多用"率众""率善"等词。钮制多为动物钮，如驼钮、马钮、羊钮等。

"汉匈奴恶适尸逐王"（图57）：铜质鎏金，驼钮。白文，右上起顺读。2.3厘米见方。现藏日本有邻馆。"恶适"应为匈奴部落名，"尸逐"应为匈奴职官名。西汉时，匈奴占据北方，势力强大，与中央王朝分庭抗礼，汉

图57　汉匈奴恶适尸逐王　　　　图58　汉卢水仟长

王朝多以和亲为策。武帝时大破匈奴。宣帝时匈奴呼韩邪部向汉称臣，宣帝在甘泉宫亲自接见，并赐金印，此为汉赐首次印匈奴，今已不见。新莽时赐匈奴"新前胡百长"和"新前胡小长"。东汉时匈奴分裂为南北两部，南匈奴八部归顺东汉，成为汉朝北部边境的屏障，为此中央王朝向南匈奴颁发官印，"汉匈奴恶适尸逐王"即为其中之一。

"汉卢水仟（qiān）长"（图58）：铜质，驼钮。白文，右上起顺读。2.3厘米见方。此印为东汉王朝赐给西北地区少数民族卢水胡的官印。卢水，卢水胡的简称，东汉以后西北地区的少数民族，因临近张掖卢水地区故名，在今甘肃河西地区。

除了颁给少数民族官印以外，汉王朝还曾颁给日本金印。1784年，日本福冈发现"汉委奴国王"印（图59）。金质，蛇钮。白文，右上起顺读。2.3厘米见方。《后汉书·东夷列传》记载：建武中元二年（57年），倭奴国奉贡朝贺……光武赐以印绶。倭奴国位置即在今日本福冈县境内。此印应为光武帝颁发的原印，是研究日本古代史和中日交流史的珍贵文物资料。

图59　汉委奴国王

（五）巨大的烙马印

战国以来，为加强养马的管理，有效区分优良品种以及所有权等，烙马印应运而生。烙马印属官印，《魏书·高祖纪》："五月丁巳，诏军警给玺印、传符，次给马印。"第一次明确记载烙马印。罗振玉《贞松堂集古遗文》著录"灵丘骑马"一印后，首次为烙马印正名。烙马印与当时的官印有较大区别：烙马所用，故印面较大，皆为阳文，钮部中空，以安装木柄，烙马印印文只有字号，不带有职官或官署名。烙马印中最为著名者为战国"日庚都萃（cuì）车马"印（图60）。

"日庚都萃车马"印于1892年在河北易县出土，为现存最早的烙马印，现藏在日本有

图60　日庚都萃车马

邻馆。6.9厘米见方，为古玺之最。"日庚都"为燕国都邑名，"萃车"为副车。此印为日庚都某官署副车烙马所用印。印文十分有特点，布局不受局限，任意安排，各尽其态却不失自然。"日庚"与"萃车"相向倾斜，"都""马"两字相连，中部留下空白，气势贯通，"疏可走马，密不容针"。朱白对比鲜明，十分美观，为中国玺印的经典之作。

(六) 冰清玉洁的汉代玉印

玉印始于战国时期，两汉时达到鼎盛，称为玉印史上的巅峰。

战国时期，玉印笔画呈两头细中间粗的柳叶形，主要是因为琢制技术不够成熟。汉代时，由于材质和琢刻方法的特殊，使得玉印印文风格与同时期的其他材质的官、私印有很大的不同：玉印线条方起方收，线条匀称，细而不弱，方圆并济；笔画中并不见严格垂直，多带有一定曲度；整体去沉着规整，笔画间距安排恰到好处，给人一种清新畅快、曲劲素净的感觉。（图61）

秦汉时代，官印系统印章中玉印被限制

图61

为帝后专用，而私印系统中却不受限制，因此玉印的成就主要体现在私印中。

（七）封泥的诞生

　　隋唐以前，简牍为主要的交流工具，在传送过程中为了保密需要对简牍进行封缄（jiān）。文献中最早出现封泥的名称是在《后汉书·百官志》：少府属官有守宫令一人，主要负责御纸笔墨，及尚书财用诸物及封泥。清代以来首次出土封泥，当时对封泥的性质不甚明晰，误以为是"印范子"。后来，晚清金石学家刘鹗（è）在他的《铁云藏陶》中的《铁云藏封泥》一卷中，对封泥的性质进行了正确的判断。随着时间的推移，封泥不断出现，尼雅遗址出土木简，居延汉简、走马楼吴简的出现以及长沙马王堆汉墓的发掘，发现了完整的封泥钤盖和使用方式。

古代封缄简牍的方式主要有三种：一、使用封泥匣，将简牍放置于检中。检由两部分组成，其下为凹形木块，其上为带有绳槽和封泥槽的盖板。使用时简牍置于凹形木块之上，盖上盖板，绳子绕过绳槽将检系紧，绳子的结头刚好在封泥槽里。将黏土填入封泥槽，用印按压，则黏土上显示出印文内容，而后进行烘烤，黏土板结，即为封泥。二、印槽截去一半，封泥与两边木块相接，左右两边为空，平直整齐。三、不使用封泥匣，直接在绳子结头处施以黏土，将印按压后烘烤。在南北朝时期，随着纸张的普及使用，印章的使用方法已经从封泥逐渐过渡为直接用印蘸印泥盖在纸上的形式。

战国时的封泥发现很少，特点不甚明晰。秦和西汉早期的封泥，以直接加检为主，封泥背后有绳纹和检痕，且封泥背面两侧低于中间。西汉中期以后，流行用"印齿"封检。西汉晚期，印槽的使用增多，且一直沿用至东汉、魏晋。封检形式的变化反映了一定的时代特征和封检方式的不断完善。

1. 秦封泥

"左丞相印""右丞相印"：文字排列不一，左、右丞相为秦时官名。两枚封泥皆有田字格，惠帝、吕后时官印无界栏，所以应是秦时遗物。

2. 西汉封泥

"皇帝信玺"（图62）：最早著录于《封泥考略》中，为陈介祺旧藏，现藏日本东京国立博物馆。印面施有田字格，内径边长2.6厘米，字形工整庄重，风格与西汉初期的"皇后之玺"、"文帝行玺"较为一致，封泥四周宽阔，应是使用封泥匣所致。

图62　皇帝信玺

3. 东汉封泥

"山桑侯相"：根据《后汉书·王常传》："山桑侯王常，封于建武二年，十二年薨。嗣侯广，建武三十年徙封石城侯。"可见此枚封泥应为东汉建武时期遗物。

封泥中保留了当时大量的县乡名以及职官名，大量补充了文献中的不足，这对于当时官吏体制和地理信息的研究有重要意义。历史上也出现了许多研究封泥的大家和巨著，如吴世芬和陈介祺的《封泥考略》应为封泥研究的开山之作。周明泰编著《续封泥考略》和《再续封泥考略》。罗振玉编著《齐鲁封泥集存》等取得了丰硕的成果。同时封泥也具有特别的艺术效果，较宽的边栏和泥质残破效果，古朴、自然，十分具有时代气息，为众多篆刻艺术家所倾倒不已。

(八) 走向衰落的魏晋南北朝官印

魏晋南北朝官印上承汉制，下开隋唐。这一时期的官印风格早期具有一定汉印特点，中后期逐渐显示出这个特定时期的特殊风格。魏晋南北朝时期虽然出现过短暂的统一安定，但总体属于动乱不安。不断的战争，频繁的改朝换代，官职名称的复杂变化在这一时期的官印上都有所体现。

魏晋南北朝实行九品中正制，但许多官职名称依然沿用汉制，因战事多，所设将军官职相应增多，将军印较多是这一时期的特色。将军印基本上为凿刻，由于某些将军名号因战争缘故，设立和取消之间时间短暂，故而印章的刻制显得十分粗率。

钮制较为多样，如鼻钮、龟钮、蛇钮、骆驼钮、熊钮、马钮等，印钮的制作较为精良，刻划精细。钮制多样的同时，绶制也较为多样，出现了很多不同颜色不同等级的绶带。另外这一时期，官印中首次出现朱文。

"武猛校尉"（图63）：银质，龟钮。白

图63　武猛校尉

文，右上起顺读。2.5厘米见方。武猛，武官名，始见于汉末三国之际，晋时沿用，为当时诸校尉之一，相当于中级官吏。此印铸造精良，是这一时期难得的精品。

"永兴郡印"（图64）：此印未见实物，甘肃敦煌石室藏古写《杂阿毗（pí）昙（tán）心论》残卷末及经卷背，盖有"永兴郡印"朱文大印。永兴郡见于《南齐书·州郡志》：宁州永兴郡，隆昌元年（494年）置。《杂阿毗昙心论》为刘宋时僧人伽跋摩等译。永兴由晋入唐均为县，只有南齐时称郡。根据罗福颐先生推论，官印加大而用朱文，最早见于南齐。

图64　永兴郡印

（九）官印制度大变革的开始之隋唐官印

隋唐官印在中国玺印史上一改以往面貌，展现了一个新的时代风格。隋代创立五省二台就寺制，官印制度发生很大变化。

这一时期，简牍基本退出日常使用范围，纸张开始流行，印章的钤盖方式为直接蘸色打在纸上。因此，官印印文也改为朱文。秦汉以前，印章制作主要为铸、刻两种，自隋代起，官印印文皆由片状铜片屈曲成印文后焊在印面上，又称蟠条印，宋代以后屈曲更甚，发展为九叠印。

官印上不再署刻职官名，改为官署名。由"职官印"改为"官署印"。如"观阳县印""静乐县之印"等。

一改以往印章随葬之风，墓中基本不见官印出土，因此这一时期传世和出土官印资料较少。隋代开始，官印（多在印背）出现了刻款的习惯。唐代官印所见材料较少，并未发现有刻年款的官印。自唐代开始，官印中出现"宝""记""朱记"等印章名称。

官印多为铜质，但同时出现了木质的官

印。钮制自隋时起，鼻钮逐渐加高，穿逐渐变长。至唐代时，钮更高，穿逐渐消失，钮形成了把手式的柄钮。官署印的使用，使官印印面增大，一般在5厘米见方以上，印文也不再局限于篆书，楷书、隶书皆有入印，印体加大，不再随身佩带，而是置于匣中。

1. 隋印

"观阳县印"（图65）：铜质，环钮。朱文，右上起顺读。5.4厘米见方。印背凿款"开皇十六年（596年）十月十五日造"，这是迄今所见最早的官印凿刻年款。曾为民国天津收藏大家周叔弢旧藏，后捐献给天津艺术博物馆。观阳县，因在观水之阳故名。据《汉书·地理志》记载，西汉时始置，后时置时废，隋开皇十六年复置，故地在今山东半岛莱阳一带。

图65 观阳县印

图66　中书省之印

2. 唐印

"中书省之印"（图66）：铜质，环钮。朱文，右上起顺读。印面边长5.7×5.6厘米。印背楷书刻"中书省之印"款。印文为铜片屈曲而成，子口较深。中书省，官署名，魏晋时始设，为朝廷掌管机要、发布政令的机构。隋称内史省、内书省。唐代复称中书省，为决策机构。

"蒲类州之印"：铜质。朱文，右上起顺读。5.6厘米见方。1973年出土于新疆吉木萨尔县唐代北庭大都护府故城。此印应为唐代在新疆设置行政机构进行管理的官印。

3. 渤海国官印

渤海是唐代粟末靺鞨的一支。公元698年由首领大祚荣建立，国号振。公元713年，唐

图67 天门军之印

朝封大祚荣为渤海郡王，以其所部为忽汗州。国都为上京龙泉府（今黑龙江宁安县）。渤海国共传15世，凡229年，后为辽所灭。

渤海国制度多效法唐朝。考古发现渤海上京龙泉府遗址完全仿照唐都长安建造。1960年在龙泉府遗址发现一枚官印"天门军之印"（图67），经罗继祖考证为渤海国官印。

"天门军之印"：铜质，柄钮。朱文，右上起顺读。5.3厘米见方，子口深0.9厘米。印文由铜片盘焊而成，印背钮右刻有楷书"天门军之印"款。出土于上京龙泉府皇城遗址西南。

4. 五代官印

公元907年，朱温篡唐，唐朝灭亡，出现

图68　元从都押衙记

了后梁、后唐、后晋、后汉、后周以及其他割据的十个小朝廷，史称"五代十国"，这又是一个战乱不安的时期。这一时期印章材料较少发现，但出现了部分以楷书入印的现象。

"元从都押衙记"（图68）：铜质，朱文，楷书，右上起顺读，长方形印面，长5.5厘米、宽4.6厘米。罗福颐先生考证，"元从都押"为后梁官名。

"右策宁州留后朱记"（见图13）：铜质，柄钮，朱文，隶书，上下顺读，长方形印面，长8.3厘米、宽3.6厘米。右策，疑为右神策军的简称。宁州，唐、五代是辖境在今甘肃境内。留后，官名，唐、五代时代行节度使职务者为留后，权力较大。

5. 十国官印

现存两方，其中一方仅为钤印，并不见实物。

"高祖神武圣文孝德明惠皇帝谥宝"：为死后所刻明器印章，玉质，印钮为兔头龙身，长方形印面，长11.7厘米、宽10.7厘米，印文刻法草率。前蜀王建墓中出土，置于墓后室王建雕像前。王建于唐末割据四川，公元907

图69　建业文房之印

年称帝，建立前蜀，墓号为永陵。

"建业文房之印"（图69）：未见实物，故宫博物院藏怀素《自叙草书卷》尾部有南唐李昪昪元四年（940年）重装款，款上钤盖朱印"建业文房之印"。

（十）九叠篆的辉煌之宋代官印

宋代印章传世和出土的资料较多。宋代官印皆用铜铸造，印面大小以官职高低进行区分，如朱记规定长一寸七分，广一寸六分，监司州县长官称"印"，僚属称"记"。北宋时兵制复杂，军队数量庞大，官印中以军旅官印居多。

宋代官印印背钧有年款，中期以后，除刻年款外，往往加刻监管官印铸造的机构名称（北宋官印铸造归少府监管理，南宋时由文思院管理）。钮制多为柄钮，印文笔画屈曲折叠，布满印面。北宋初年，官印制度承袭五代，乾德三年（965年）重铸官印时，为区别旧印，印上加"新"字。前期官印印边较细，类于印文笔画，后期印边逐渐加粗。

根据《宋史·舆服志》记载，靖康之难后，宋代官员南渡过程中，官印多有遗失，南宋又重铸官印，重铸的官印印文前加有"行在"二字，或加上年号。如"建炎宿州州院朱记"，建炎为宋高宗赵构年号。

宋代时出现最早的纸币，北宋时称"交子"，南宋时称"会子"，在会子的背面会有钤盖印章，名为"合同"。宋高宗绍兴三十年命钱端礼造会子，有一贯、五百、三百、二百四种形式。罗振玉曾收藏有一方"一贯背合同"铜印。

1. 北宋官印

"神卫左第一军第二指挥第二都朱记"（图70）：铜质，朱文，叠篆，右上起顺读，印面呈长方形，边长5.5厘米。钮两侧凿刻"太平兴国三年正月铸"款，出土于辽中京遗

图70　神卫左第一军
第二指挥第二都朱记

址。宋代禁军中，侍卫司有龙卫、神卫左右
四厢。都，北宋禁军指挥之下的一个编制单
位，步军中都的统领称为都头。所以此印为
宋神卫军左厢第一军第二指挥第二都头用印。

2. 南宋官印

"嘉兴府澉浦驻扎殿前司水军第一将印"
（图71）：为南宋水军官印。1978年，浙江海
宁开挖水利工程时于古镇澉浦共出土八枚官
印，此为其中之一。澉浦，南宋时的一个重
要港口。南宋时建立许浦、定海、澉浦、金
山四支海军，以确保海防保卫都城。水军内
部管理采用将法。地名冠于军额之前，属中
央殿前司节制。

"壹贯背合同"（见图14）：印形很有特
点，状如银锭。南宋时由于商业和对外贸易

图71　嘉兴府澉浦驻扎殿前
司水军第一将印

玺印的类别

的发展，发行纸币"会子"。会子背面会钤盖
合同印。有一贯、五百、三百、二百四种形
式。此印最初由罗振玉收藏。

（十一）契丹文化与汉文化的融合之
辽代官印

公元916年，契丹族首领耶律阿保机称
帝，国号为契丹，公元947年，改国号为辽，
都城上京（今内蒙古巴林左旗）。辽代实行两

面官制，北面官由契丹贵族统治契丹人和其他少数民族，南面官用契丹人和汉人统治汉人和渤海人。辽太祖神册五年（920年）仿照汉字，创制契丹大字，后又制契丹小字。辽代官印中契丹大字、契丹小字、汉篆并行。官印只有银质和铜质。

"启圣军节度使之印"（图72）：铜质，覆斗钮，朱文，右上起顺读，印面长方形，长6厘米，宽5.7厘米。印文为汉篆，1972年发现于辽宁阜新。据《辽史·地理志》记载，启圣军为仪坤州军号，仪坤州为辽初所设，同时设启圣军节度使。在今内蒙古赤峰巴林左旗境内。

"安州绫锦院记"：铜质，柄钮，朱文，叠篆，右上起顺读，印面长5.7厘米，宽5.5厘

图72　启圣军节度使之印

米。安州隶属北女真兵马司，绫锦院是官办织造所。此印文字为汉篆，且风格与北宋官印类似。

（十二）独具特色的西夏官印

西夏由党项族建立，党项原为羌族的一支。公元1038年，首领元昊在今宁夏银川称帝，国号大夏，史称西夏。公元1227年为蒙古所灭，共历十主，凡190年。元昊精通汉学，并命令大臣野利仁荣创造西夏文字，西夏文字模仿汉文，笔画类似汉文，却无一个为现成汉字，很有特点。

中国古代官印基本为方形，四角方正，且自隋唐以来，官印文字基本为朱文，西夏官印却为圆角方形，用白文入印（笔画粗，布满印面，又称"满白文"），且使用边框。印文有二字到六字不等，但以二字为最多，且二字内容多相同，为"首领"二字。"首领"二字皆为上下安排。

西夏官印印背多刻款，但左边只刻铸造年代，不记月日和铸造机构；右侧刻上执印者姓名。这与两宋官印印背刻年月日和铸造

图73　首领

机构款很不同，西夏官印背钮顶部偶尔刻有一"上"字。

"首领"（图73）：铜质，柱钮，白文，西夏文，上下顺读，印面圆角方形，长5.5，宽5.4厘米。印背刻有"首领，正德二年"款。

（十三）叠篆的精品之金代官印

金代由东北少数民族女真族创立。女真族原来附于契丹，后逐渐脱离出来，公元1125年，女真首领完颜阿骨打称帝，国号大金，随后挥师灭亡辽国和北宋，与南宋、西夏三分天下。

金代官印风格根据时间，可分为三个时段：金代早期官印制度并未完全确定，官印中较多出现杂用以前宋辽官印的情况。这种情况直到海陵王完颜亮对官印进行改革后才改变，官印制度得以确立并完善。金代末期，内外交困，官印制度名存实亡，中央和地方官府竞相造印，官印数量多，且质量较差。

金代官印的重量和印面大小体现了等级，等级越高则越大越重，且较之于前朝，印面普遍增大，最大者可达长13厘米、宽12厘米。印文多为叠篆，朱文，印面布局和谐规整。官印制度完善后，金朝官印质量很高，应为历朝叠篆印中最为优秀亮丽者。

金代官印中官署印和职官印并存，如"招抚司印"和"招抚使印"。印背多有汉文刻款，印侧偶有女真文刻款，皆为大定年款。根据印背刻款发现，铸造官印的机构不止一个，出现了"礼部造""少府监造""内少府监造"等。

金代官印中同一官职或官署刻有数印，且金代晚期，为了解决内忧外患，不断扩充军队，增设军官，军旅官印数量激增。由于数量多，不易辨别，便以五行和千字文来编号。编号多直接入印，如"勾当公事龙字号印""上京路副统出字号印"等。也有部分不

玺印的类别

图74　副统之印

入印文，而在印背刻款，如"都提控所之印"，其印背刻款"光字号"。

　　"副统之印"（图74）：铜质，柄钮，朱文，叠篆，右上起顺读，印面长6.5厘米，宽6.3厘米。副统，官名，正四品，为副统军的简称。金代初期由元帅府统领军事大权，后改为枢密院，与尚书省共同管理文武之事。地方最高军事长官为五京留守兼本路兵马都总管，其下为府尹兼都总管。州一级的最高军事长官为节度使。边境地区设统军司禾招讨司。统军司的主官为统军使，下设一副统军为辅佐。

　　"移改达葛河谋克印"：铜质，柄钮，朱文，叠篆，右上起顺读，印面长6.3厘米，宽

6.2厘米。印侧及印背刻楷书"移改达葛河谋克印。定十九年八月。礼部造。"以及一行女真国书。

定，应为"大定"简写。谋克，金代军政合一组织的名称，其长官也称为谋克，金太祖时规定三百户为一谋克，十谋克为一猛安，其上有军帅、万户、都统等官职。此印为金政权自铸官印，金承宋制，早期官印由少府监造，海陵王改革后，少府铸印减少。大定十年（1170年），全部由礼部造。

（十四）草原民族与汉文化的融合之元代官印

元代为蒙古族建立，12世纪末，铁木真统一蒙古，称为成吉思汗。此后蒙古相继灭亡西夏、金，并多次西征，建立了强大的帝国版图。公元1271年，忽必烈改国号为大元。

铁木真时已经开始在蒙古国内使用印章，印章文字采用畏兀体蒙古文和汉文。忽必烈时，西藏地区的最高法王八思巴进京朝见，受到忽必烈热情接待，并尊为帝师，授以玉印。忽必烈中统元年，命令八思巴创立蒙古新字。

元代印章入印文字主要有三种：一为早期的畏兀体蒙古文，二为汉篆，三为由八思巴创立的蒙古新字。忽必烈时建立了一整套与中央机构相对应的官印制度，印钮多为台钮，根据衙门的品级分为平台、二台、三台；印文多为朱文，且边框变粗，并影响到明清官印。

"常乐蘸印"（图75）：铜质，柄钮，朱文汉叠篆，右上起顺读，边长5.6厘米。印背右面刻"常乐蘸印"四字，左边刻"中书礼部造，至元五年十月日"二行十二字。1953年出土于内蒙古凉城。印文中的"蘸"和背款中的"站"皆为蒙古语"驿传"的汉语音译"站赤"的简称。元代时全国皆设立驿站，由通政院及中书兵部管理。

图75　常乐蘸印

"管水达达民户达鲁花赤之印"：铜质，朱文，八思巴文。印背刻"至元十五年十二月日中书礼部造"。1977年出土于黑龙江阿城县白城。"达鲁花赤"，有监临官之意，元代多数行政机关及各路府州县皆设达鲁花赤，掌印管理。"水达达"为黑龙江下游的游牧部落。

（十五）九叠篆的实至名归之明代官印

公元1368年，朱元璋在应天府（今江苏南京）称帝，建立明朝。明朝官印基本上继承金元制度。官印的大小、钮制和材质皆按照不同的等级来划分。皇帝、王府之宝用玉箸文玉印；内阁印用玉箸文银印，直钮，方一寸七分，厚六分；将军印用柳叶文，平羌、平蛮、征西、镇朔等印用螭鼎文，皆银印虎钮，方三寸三分，厚九分；其余都用九叠篆，铜印直钮；监察御史用八叠篆，铜印直钮，有眼，方一寸五分，厚三分。明代时，九叠篆中的"九"为实数，每个字都有九笔横画。明代官印印背皆刻有年款及编号，明代时的直钮即是杙（yī）钮，高达8厘米左右，由两宋时长方形板状钮变为椭圆柱状钮。

朱元璋为解决各级使用预印空白公文的问题，规定文书盖印时，须与登记的簿子一起钤盖，则印文一半在文书上，一半在簿子上。是为"关防"。印为长方形，文字也为全印一半。后来此法不再使用，只把临时性官员的印章叫做"关防"，印仍为长方形，但印文完整。

"秃都河卫指挥使司印"（图76）：铜质，杙钮，朱文叠篆，右上起顺读，印背刻楷书"秃都河卫指挥使司印。礼部造。永乐六年正月日。义字八十一号"款。印面长7.3厘米，宽7.2厘米。卫，为军事机构，明代时设于京师和全国，数府划为一个防区设卫，约5600人为一卫。有京卫、外卫之分。秃都河卫属

图76　秃都河卫指挥使司印

图77 荡寇将军印

于外卫。外卫各统于都司、行都司或留守司，上属于五军都督府。指挥使司为官署名。明代地方最高军事组织是省的都指挥司，其下是各卫的指挥使司。秃都河卫属奴儿干都指挥使司，为永乐六年设立。

"荡寇将军印"（图77）：银质，伏虎钮，朱文柳叶篆，右上起顺读，印背左侧刻楷书"崇祯拾陆年拾月日礼部造"款，右侧刻楷书"荡寇将军印"款，印左侧刻编号"崇字捌百柒拾号"，10.4厘米见方。1964年出土于南京玉带河河底。明代规定将军印用柳叶篆。

（十六）满汉文同时入印的首创之清代官印

清代官印的一大特点即是满汉文对照，

一半汉文，一半满文。其中汉篆中，除九叠
篆外，出现了玉箸篆、悬针篆、钟鼎篆、芝
英篆等。乾隆以前官印中满文都用楷书，乾
隆十三年将入印满文有楷书规定为用满文篆
书。印背楷书刻款中既有汉文，也有满文，
既有铸造机构和年款，也有清朝帝王年号的
首字。同治时，因战事较多，官印多有遗失，
重铸后，在汉文和满文之间加上一列满文楷
书。如"合水县印"，印背刻满汉文"合水县
礼部造"，右侧刻"同字一千一百零四号"，
左侧刻"同治元年十一月日"。

图78　太医院印

　　"太医院印"（图78）：铜质，杙钮，宽
边朱文钟鼎篆，汉满文两种文字，右上起顺
读。印面长7.8厘米，宽7.7厘米。印背刻汉满
文"太医院印。礼部造。乾隆拾肆年正月日
造。乾字壹千捌百三拾壹号"。太医院，官署
名。清代太医院掌考医治之属，官吏与医务
人员均为汉人，乾隆时满族大臣一人管理太
医院政务。

（十七）农民起义政权的印证

1. 元末农民起义政权印章

元末，政治腐败，民不聊生，公元1351年，徐寿辉在蕲州起义，随后称帝，以蕲水为都，国号天完，年号治平。天完政权曾颁发印章，形制别具一格。官印为圆形，印面外圆内方，方圆之间饰以云纹，方框内为九叠篆印文，布满印面，且印面较大。如"统军元帅府印""汴梁行省管句所之印"。

"汴梁行省管句所之印"（图79）：印面直径10.2厘米。1968年出土于湖北省英山县。印背刻楷书"汴梁省管句所之印，中书礼部造，太平二年七月"款。公元1356年，徐寿辉迁都湖北汉阳，改元太平。

图79　汴梁行省管句所之印

图80　管军万户府印

　　元末刘福通、韩林儿以白莲教为组织起义。元至正十五年（1355年）刘福通建立宋，迎韩林儿为帝，又号小明王，以亳（今安徽亳州）为都，建元龙凤。宋政权颁发的官印有"管军万户府印"（图80），铜质，宽边朱文，叠篆，1972年发现于湖北襄樊，印面7.8厘米见方，印背刻楷书"龙凤二年正月日造"款，印侧刻楷书"管军总管府印，往字玖拾壹号"。"元帅之印"，铜质，宽边朱文，叠篆，1965年发现于河南省固始县，印面9厘米见方，印背刻楷书"元帅府之印，中书礼部造，龙凤三年十月"款。

2. 明末农民起义政权印章

　　明末，政治腐败，人民生活在水深火热之中，"闯王"高迎祥领导人民起义，后高迎祥牺牲，李自成领导队伍继续进行斗争。

1644 年，李自成改西安为长安，称为西京，建国号为大顺。大顺政权存在时间不足一年，颇为短暂，但却颁发了官印。李自成为避父亲李印家名讳，改"印"为"符""契""记""信"等。如"三水县信""辽州之契"等。

"辽州之契"（图81）：铜质，杙钮，宽边阳文，叠篆，右上起顺读，印背刻楷书"辽州之契。癸未年十二月日造。天字贰百五十壹号"。辽州为今山西省左权县。

同时另一支起义队伍领导者张献忠与李自成同一年在成都建立大西政权，建元大顺，同样颁发了官印，其自用印为"西王之宝"（图82），其他官印皆为"印"，如"西充县印""南郑县印"等。

图81　辽州之契

图82　西王之宝

3. 太平天国官印

1851 年，洪秀全领导农民在广西金田村发动起义，建号太平天国。1864年，起义失败。太平天国官印很有特点，印文使用楷书，一改以往各朝代用印习惯，是中国历史上通行楷书官印的政权。太平天国官印印面皆较大，且印文与边框之间有龙虎等纹饰。

"太平天国玉玺"（图83）：中国历史博物馆现藏有两方太平天国所制玉玺两枚，其中一枚，印面19.4厘米见方，印文与边框之间饰以龙凤，两侧为龙，上为双凤向日，下为海浪。此印共44个字，皆采用宋体楷书。印文的读法和个别含义至今未成定论，现将一种读法列出：太平天父上帝玉玺，恩和辑睦，永定乾坤，八位万岁，救世幼主，天王洪日，天兄基督，主王舆笃，真主贵福，永锡天禄。

图83　太平天国玉玺

四、历代私印

私印是相对于官印而言的，但私印的出现早于官印。私印不具有行使权力的职能，仅作为个人信用的凭证或者表示物品为自己所私有的作用。因而关于私印，并没有明确的等级和使用限制。受到的限制越少，可以发挥的空间越大，材质、形状、字体、钮制可以根据需要安排；印面的形状也很多样，方形、圆形、椭圆形、曲尺形、随形等。

关于私印的种类，有多种说法，但主要不外乎以下几种：姓名表字别号印、词句印、花押印、收藏鉴赏印、书简印、室名斋号印。以下分类进行叙述。

（一）姓名表字别号印

这是一种直接表明身份的印章，印章的内容为姓与名或是表字或者是别号，在双面印中姓名和表字会有同时出现的情况，虽然三种印面的内容不同，但皆为印章所有者独有的称呼。

最早的私印即为姓名印。姓名印的概念由元代学者吾丘衍所编著的《学古编》首次提出，明代学者甘旸（yáng）在其所著的《印章集说》中对姓名印进行了界定："上古作印以昭信也，当用名印为正，姓名之下，止可加'印'字，及'印信''印章''之印''私印'等字。'氏'字与闲杂字样俱不可用，用之则不合古体，亦且不敬耳。"概况颇为中肯，魏晋之前的姓名印正如甘旸所说，但从整个历史上姓名印的发展来看，姓名印要相对活泼和自由。

姓名印中既可以在姓名以下加"印""之印""印章""印信""信印""私印""玺""章""记""信"等，也可以只有姓名入印，或者只有姓，只有名。印上若只有名无姓，男子在名前加上一个"臣"字，女子在名前加上一个"妾"字，又被称为"臣妾印"。臣在古代为百官的统称，也可以是对男子的谦称，妾可以是对女子的谦称。臣印出现在西汉早期，妾印稍晚，多见于双面印。清代宫廷画家在为内府作画后，落款中都会钤盖臣字印。

古人除了名以外，还会有字，平日称呼多用字而不用姓名，以示尊敬。表字印在汉代即出现，多见于双面印，一面为姓与名，一面为姓与字。表字印发展到后期，多不加姓，而直接以字入印。

除姓名之外，古人常会给自己设立一个或多个别称，称为号。以号入印在汉代即已出现，多见于子母印和穿带印上。明朝以后，石料在私印中使用占据大多数，别号印也逐渐增多，出现了将姓名别号列于一印中的现象，艺术形式十分多样。

某些姓名印中常会在姓名前加上籍贯或者家世，以更清晰地表明身份，彰显家门，又称为籍贯家世印。此类印章在古代书画作品中所见较多。

（二）词句印

战国之际，私印中有一类印章并不为表明身份或者取信于人，而以一些吉利语句入印，表达一种内心期望或者是个人爱好，即

为词句印，也称吉语印。各个时代社会风尚
不同，在词句印中也能得到一定的反应。战
国时词句印多见"宜有千万""敬事"等；秦
汉时多为"中精外诚""长乐""日利""大吉"
等；宋元以后特别是石料在私印中大量使用
之后，词句印发生一定变化，入印内容更加
丰富，诗词歌赋，名言警句，文言雅句皆有
入印，以表达印章所有者的一种理念或者心
境情绪等，十分典雅活泼。

（三）花押印

花押印（图84）又称为押字印，"押"
字为签署之一，唐代开始出现，但那时多为
用毛笔将设计好的押直接写出来，极少入印。
元代时花押印使用很多，达到兴盛。元代时
为官者多为蒙古、色目人，由于不懂汉字，
日常沟通交流往往连自署其名也难以做到，
为了改变这种状况，变用木头或象牙刻上押
字，或者用铜铸上押字，使用时直接钤盖即
可。

花押印的钮制与此时官印系统的钮制有
很大不同，形式多样，构思精巧，艺术水平

图84　花押印

较高，且多有穿以供佩戴。鼻钮较多，还有桥钮、人物钮和动物钮，等等。人物钮中有男有女，或站立或骑马。动物钮中有鸟钮、狗钮、马钮等多种形制。花押印印面形制同样丰富多彩，多为长条形，此外还有人物形、动物形、琵琶形、葫芦形等；入印文字多样，多用楷书，也有隶书、八思巴文者，但属少数。楷书的书写形式活泼多样，真率自然，与唐楷的规整不同，形式主要是上部为楷书，下部为设计好的花押的姓押，另外还有单字的姓氏印，无字的花印等。花押印的形式特殊，具有独特的艺术效果，后世篆刻艺术家多有仿照押印形式，以楷书等书体入印，取得了很好的成果。

（四）收藏鉴赏印

古人对某些书画进行鉴定欣赏之后，会在作品上钤盖一种印章形式，以表明这一个过程。除此之外对自己所藏作品也常会上钤盖印章，以示所有关系。明代学者甘旸在所著《印章集说》中提出收藏鉴赏印始于唐宋。唐太宗有"贞观"连珠印钤盖在书画作品上，唐玄宗有"开元"长方形朱文印见于书画作品中，敦煌石室藏唐人写经卷上中，发现有"报恩寺藏经印"和"瓜沙州大经印"两方印章，虽不见实物，但却是早期收藏鉴赏印的很好实例。宋徽宗精通书画，艺术造诣很高，在他的书画作品中可以看到"大观"瓢形印，"政和""宣和"等收藏鉴赏印。金章宗曾刻制一整套的收藏鉴赏印，称为"明昌七印"，分别是"内府""群玉秘珍""明昌珍玩""明昌御览""御府宝绘""明昌中秘""明昌御府"。明清时一些收藏家，也多有自己的收藏鉴赏印。

(五) 书简印

秦汉时书简皆用封泥封缄，所用印为官印或姓名印。汉魏之际，出现专门的书简印，信写好后在封口处贴一张白纸，钤盖书简印。形式为"某人启事""某人言疏"等。明清以后形式还有"顿首""再拜""敬缄""谨封"等。现有材料中以魏晋时期所用较多。

(六) 室名斋号印

古代文人多喜欢为自己所居屋室起一个

较为文雅的名字，并将室名或斋号入印，以标明身份，展示风雅。明代学者甘旸在其所著的《集古印谱》中列有"端居室"一印（图85）。并注解为：玉印，鼻钮，唐李泌端居室，斋堂馆阁印始于此。李泌为唐中期学者，官至宰相。此为最早室名斋号印，实物已不见。宋代以后，所见增多，如著名书法家米芾有"宝晋斋"印，元代著名书法家赵孟頫有"松雪斋"印。明清以后，石料流行，室名斋号印更为流行，许多文人拥有很多斋号印，现实中却并非真有此室或者斋馆。如明代书法家文徵明自称书屋多于印上起造。室名斋号印也多用于收藏鉴赏所用。

玺印的类别

图85　端居室

五、特殊印章

中国玺印历史上，除以上介绍的官印和私印以外，还有一些印章有着不同的用途或者是不明用途，抑或是具有特殊形式。这些印章主要分为肖形印、宗教印、骑缝印、巴蜀符号印四类，以下分类进行介绍。

（一）肖形印

肖形印又叫图像印（图86）。顾名思义，肖形印指印章的印面不是文字而是图像。前

图86　肖形印

面所介绍的官、私印皆以文字入印，肖形印为何以图像入印，所为何用，并没有一个定论，或许是某种图腾或徽记，也有可能出于爱好或装饰。肖形印出现较早，至于与文字印相比较哪一个更早，还有待进一步的研究。

战国时期肖形印已经出现较多，且印面形式丰富多样。秦汉时期，肖形印发展很快，进入了鼎盛时期。这一时期的肖形印主要取材于瑞兽异兽，以求长生吉利。肖形印以鹿纹和鱼纹较多，且鱼纹多与鸟相配出现。魏晋南北朝时期玺印艺术进入了衰落期，肖形印也发现得很少，趋于没落。宋元时期，花押印的出现和盛行一定程度上促进了肖形印的复兴和发展。明清以后，石料在印章中应用广泛，文人和篆刻艺术家出于喜好或表明某种喻义，多制作肖形印，且形式更加丰富多彩，艺术性很强。

早期肖形印的图像相对简单，秦汉时期和明清以后，肖形印的图像形式多样，纷繁多姿。主要有人物类、鸟兽虫鱼类、花叶类、车马类、建筑类，等等。人物类中有各种形式，如双人坐、华盖双人坐、双人交手坐等，部分还有吹弹对舞的形象。图像或刻或凿或铸，魏晋南北朝时期出现了浮雕的形式，数量较少。肖形印除单独成印外，还有配合文字成印的，即一面为文字，一面为图像，或者是在文字两旁或者四周。还有在印文四周刻制龙、虎、朱雀、玄武形象的印，又称为四灵印。

（二）宗教印

汉武帝时，黄河决口，方士栾大自称为神界使者，可以解决问题，但要求尊贵待之，并铸印以方便与神交流。汉武帝信以为真，拜栾大为五利将军，授以四方印：五利将军印、天士将军印、地士将军印、大通将军印。后又加刻天道将军印、乐通侯印章。其中除天道将军印为玉质以外，其余五印皆为黄金质。

汉代时流行正月卯日佩戴刚卯、严卯印以避邪的风俗。刚卯印和严卯印的印文首句有"刚卯""严卯"二字，故名。印文刻在印身的四面，刚卯一般为三十四字，根据明代陶宗仪《辍耕录》记载，其内容为："正月刚卯既决，灵殳四方，赤青白黄，四色是当。帝令祝融，以教夔龙，庶疫刚瘅，莫我敢当。"严卯三十二字，内容为："制曰严卯，帝命莫忘，日资唯是，黑青白黄。既正既直，既觚既方，庶使罔谈，莫我敢忘。"刚卯、严卯的实物资料传世较多，形制较小，多为方柱体，部分为六角柱体。

东晋葛洪在其所著《抱朴子·内篇·登涉》中说："古之人入山者，皆佩黄神越章之印，其广四寸，其字一百二十。以封泥，所住之四方各百步，则虎狼不敢近其内也。行见新虎迹，以印顺印之，虎即去；以印逆印之，虎即还。带此印以行山林，亦不畏虎狼也。不但只避虎狼，若山川社庙血食恶神，能作福祸者，以印封泥，断其道路，则不能复神。"根据现存资料来看，所谓"黄神越章之印"，主要有"黄神越章""天帝使者""黄神使者印章""天符地节之印""皇天上帝制万神章""黄神越章天帝神之印"（图87）等，但并未见有一百二十字者。

图87　黄神越章天帝神之印

（三）骑缝印

古人为了避免有人仿冒文书，采用了骑缝印的方法。骑缝指两纸交接或订合处的中缝。印章钤盖在此位置，双方文书皆有印痕，使用时必须能将印痕相对组成一完整的印，方能使文书有效。《魏书》中曾记载魏孝明帝为防止有人多冒军功，文书上采用骑缝印的方法。书画上常可以见到骑缝处钤盖有印章。这些印章虽然为骑缝印，但收藏者制作印章的目的并不是为了专门在骑缝处钤盖，主要是表达一种所有和鉴赏的意义。

书画骑缝印中，"台州房务抵当库印"和"典礼纪察司印"两方骑缝印历来为书画鉴藏家所注意，书画作品上仅能见到原印的一半，前一方印为宋贾似道的骑缝印，后一方印为明代纪察司司礼监所保管书画用印。

（四）巴蜀符号印

巴、蜀是新石器时代起生活在四川及其周边的地区的少数民族，商周时期形成了独特的地区文化，如20世纪90年代在四川广汉考古发现的三星堆文化，震惊世界。春秋战国时期，这个独特的地区文化中出现了一种符号印章。这些印章并非肖形印，而是作为一种符号性质存在（图88）。

巴蜀符号印以铜质为主，还有一些石质、陶质印章。印面有圆形、方形、七边形、山字形等。方形印面大小在方寸之间，圆形印面直径在3厘米左右，大的达到5厘米左右，比同时期的官、私印略大。印面的内容为一

图88 巴蜀符号印

些独特的图像或符号，如人物、虫鸟、虎马等；还有一些不明性质的符号，如"王"字形、"S"形、"山"字形等。巴蜀文献资料较少，对于这些符号的意义几乎不能释读。著名古文字学家徐中舒先生认为这些符号只能表意，不是可以按字宣读的语言，只有巫师才能认识，还要多方譬喻解说，不然一般人是难以理解的。

蔚为大观的明清篆刻艺术

一、篆刻艺术的起源之 石料的入印

　　明清篆刻艺术蔚为大观，取得了很高的成就。然而，明清篆刻艺术的大放光彩也是建立在前人不断探索的基础上的。篆刻艺术的起源当为宋元文人印的出现和兴起。

　　宋代时，自上而下喜好集古收藏，金石学也在这一个时期出现并得到很大发展，从而推动了文人印的出现和发展。宋元时期，扛起文人印大旗的当为宋代大书法家米芾和元代大书法家赵孟頫、著名学者吾丘衍和著名画家王冕。

　　米芾（1051年—1107年），字元章，号海岳外史，又号襄阳漫士，湖北襄阳人。宋代著名书法家，与苏轼、黄庭坚、蔡襄并称为"宋四家"。工书画，富收藏。北宋晚期宋徽宗授予米芾画学博士，擢礼部员外郎，出知

淮阳军。礼部郎官旧称南宫舍人，所以米芾
又被人们称为"米南宫"。嗜古如命，精于鉴
赏，所居屋室自题名为宝晋斋。著有《书史》
《画史》《宝晋英光集》《宝章待访录》等书。

米芾书法具有极高造诣，擅长各种书体，
真书、行书、草书、篆书、隶书皆工，这在
书法家中属少数。当时印章的材质主要为牙
角玉铜等，刻制起来并不容易，因此有人认
为米芾所用印章，可能只是由本人书篆，设
计印稿，实际的刻制过程则有专门人员来完
成，也不无道理。但是根据现存米芾用印和
同时期的书法大家或文人学者用印相比来看，
米芾用印相对要粗糙草率许多，因此也不排
除印为米芾自己所刻的可能性。今日在书画
作品上所见米芾用印有一方或两三方，但也
有特殊的情况，在故宫所藏的褚遂良摹《兰
亭》中有一段米芾题跋，上面钤盖了七方印
章，分别为："祝融之后""米芾之印""米姓
之印""米黻之印""米芾""米芾之印""米芾"
七方印章，此种钤盖方式很少见。（图89）

米芾不仅对文人印的出现有开创之功，
对印学也有研究，《书史》和《画史》中也

祝融之后

米芾之印

米姓之印

米黻之印

米芾

米芾之印

米芾

图89

蔚为大观的明清篆刻艺术

有他论治印用印的方法。主张鉴藏印要采用细边细朱文，以不污染作品本身，至今仍为艺术家所遵循。

赵孟𫖯（1254年—1322年），字子昂，号松雪道人，浙江吴兴人。赵孟𫖯出身宋朝皇室，为宋太祖赵匡胤第十一世孙。元灭宋后，为了笼络南方汉族地主，元世祖忽必烈派人请来南方二十多位名士，授以高官。这其中包括赵孟𫖯。入元后，官至翰林学士承旨，封魏国公，谥文敏。赵孟𫖯艺术水平极高，是著名的大书法家和大画家，著有《松雪斋集》。但也由于他身为宋朝子民，且是皇室，又入奉元朝，颇为时人和后人诟病，其书法也被人认为极为谄媚纤弱，缺乏大节不夺之气。

赵孟𫖯书法造诣极高，六体皆精。他的书法细劲柔雅，布局匀整稳妥，书风远接二王，有东晋遗风。篆书笔画圆转，柔美闲雅。入印以书法为准，皆用小篆，细笔婉转，十分雅致。清人陈铢认为："其文圆转妩媚，故曰圆朱。"一扫唐宋以来九叠文的习气。根据书画作品上钤印来看，赵孟铢的印作绝大部分为朱文印，白文印少见。朱文印中有"赵孟頫印""赵氏子昂""松雪斋""水精宫道人""赵"等，白文印有"孟頫"和另外一颗同名的"赵氏子昂"。（图90）

松雪斋

赵孟頫印

赵氏子昂

赵

图90

蔚为大观的明清篆刻艺术

赵孟頫也曾对古玺印进行过收藏整理。根据文献记载，他曾摹写古玺印编成《印史》一书，虽然书不传于世，但在《松雪斋集》中有此书的序言，称《印史》一书共有印三百四十方，以古雅质朴者为准。并在序言中指出当下印风的一些弊俗，认为时印多以奇巧图案或者滥用文字入印，有失典雅古朴。

吾丘衍（1272年—1311年），又称为吾衍，字子行，号竹房，又号布衣道士、贞白居士，浙江开化人。元代著名金石学家。嗜古博学，隐居杭州，教学自给，元朝曾派廉访使徐琰来访，被他拒之门外。后因为姻家诉累被捕，义不受辱，赴水而死。著有《学古编》《尚书要略》《周秦刻石释音》《印式》《竹素山房集》《九歌谱》《十二月乐谱》等。其中又以《学古编》成就和影响最大。

吾丘衍的篆刻作品，今日很少见到，吾丘衍的朋友夏溥为其写作《学古编序》时曾提及到吾丘衍的私印有"竹素山房""放杯真乐""吾氏子行"等印，今日已不见。仅在传世的著名诗人杜牧书法名作《张好好诗》卷后面，可以看到吾丘衍的篆书款和印章。

篆书七字"大德九年吾衍观"，两方白文印分别为"吾衍私印"和"布衣道士"，得汉印精髓。（图91）

　　吾丘衍所著《学古编》，其中主要的部分为《三十五举》，是目前发现的我国最早的专门研究印学理论的书籍，为后来的篆刻艺术家奉为圭臬，并不断地传承和补充，如明代篆刻家何震编有《续学古编》，清代学者桂馥编有《续三十五举》《再续三十五举》等。《三十五举》叙述有关篆书、治印方面的各种知识，前十七举论写篆书之法，从第十八举开始论述刻印之法。对后人学篆和刻印皆有很好的指导作用，指出习篆当以东汉许慎《说文解字》为根本，一改当时九叠篆的风

吾衍私印

布衣道士

图91

气；刻印应以汉印为准，提倡汉印的方正、浑厚，印面不可太怪，不可随俗。

赵孟頫年长吾丘衍十八岁，但在印学上思想很是相通。根据文献记载，两人多有交往，晚年赵孟頫还曾专门向吾丘衍学习。

以往官、私印或者是文人印使用材质多为铜质或牙角玉等，而从元代王冕首创用花乳石入印以后，石料开始进入私印领域，文人印也多采用石料。石料走刀容易，材料易寻，使得篆刻艺术在出现以后，得以迅速发展和壮大起来，使中国玺印从实用功能转向篆刻艺术，也奠定了元代在篆刻艺术史上的特殊地位。

王冕（1287年—1359年），字元章，号煮石山农、饭牛翁、梅花屋主、会稽外史。元末浙江诸暨人。王冕幼年家贫，无钱读书，整日放牛，时常不专心放牛而跑去学堂偷学。后来母亲让他去寺庙做工，他常夜晚坐在佛膝上点灯读书。会稽韩性得知以后，免费收为弟子。王冕刻苦好学，遂成通儒。但在科举中却屡考不中，后绝此志，秘书卿泰不华拟荐以馆职，他坚决拒绝，归隐诸暨九里山，种梅花千株，自号梅花屋主，以卖画为生。著有《竹斋诗集》。

王冕首创用花乳石刻印，这一发明，为文人自刻印创造了条件，对印学的发展起到了很大的推动作用。花乳石是一种石料的总称，很多地方皆有，不同地方有不同的名称。主要包括青田石、寿山石、昌化石等。王冕世居浙江诸暨，所用石料应为产于浙江青田的青田石，青田石石质相对较软脆，易于走刀，是现在常用的篆刻材料。

王冕印今不见其实物，但王冕是著名画家，且是画梅高手，在他的画作中，我们可以看到他的印作。多白文印，主要有"王冕私印""王元章氏""王冕之章""王元章""元章""文王孙""方外司马""会稽外史""会稽佳山水"等。另有一方朱文印为"竹斋图书"。他的印洗去了汉印方正稳重的特点，加入了自己的创新，运刀朴拙，使得印文在稳重大气且带有一种苍茫的意境。如"方外司马"等印意境高古，苍茫有力。 (图92)

蔚为大观的明清篆刻艺术

王冕私印

王元章氏

方外司马

图92

二、篆刻艺术的大放光彩之"文何"引领印坛

自明代中期文彭开始，印章艺术在材质上已经基本上为石料所取代。这一时期篆刻已经作为一门艺术形式出现，嗜好古学的文人雅士皆参与到篆刻艺术中来。且根据风格、地域和传承的不同已经出现了篆刻流派。篆刻艺术的传承也使自身不断地发扬光大，推动了印学研究的发展，出现了许多专门的印学论著。到清代，金石学大兴，印学的发展更加快速，篆刻艺术的队伍不断壮大，流派印继续传承，出现了众多的篆刻大家。

文彭（1498年—1573年），字寿丞，号三桥，江苏苏州人。曾任南京国子监博士和北京国子监博士，世称"文国博"。明代著名书法家文徵明的长子。文彭能继承家学，书画皆精，且擅篆刻，他的篆刻艺术为后人竞相

学习，开创了篆刻艺术的一片新天地。因此明末清初周亮工在其所编著的《印人传》中称："印人一道，自国博开之，后人奉为金科玉律，云礽遍天下。"

据文献记载，文彭早年治印，并不是使用石料，而是多使用牙料，自己设计印章，然后找专业的牙工来刻制。比较著名的为李文甫。李文甫为一名牙工，深得文彭信任，常为其刻印。抗战时出土一方象牙章，印文为"七十二峰深处"，印文雅致秀丽，边款皆不见，十分有意境，印侧刻草书款"文彭"二字，这方牙章可能即为李文甫代其所刻。

后来一次偶然的机会，时任南京国子监博士的文彭遇到一位赶驴的人与别人争执。近前一问才知，原来驴的身上驮了四筐石料，赶驴者很辛苦地远道送来，而商人竟还要故意压价。文彭细看筐中的石料，皆是作装饰品的石料，直觉告诉他这些石料可能作为入印的好石料，于是加价购买了所有的石料。回家细看，方知为上好的灯光冻石，喜出望外。此后，文彭便使用石料自篆自刻，对印坛影响很大，时人纷纷仿效。

文彭以小篆入印，追求秦汉印的平正稳重的古朴风格。他认为刻朱文须流利，刻白文须沉凝，这在他的印作中也得到了很好的体现，朱文印圆转柔美，白文印苍茫高古。且为了追求自然的古朴风貌，他常将印作的边栏四周敲去，造成残损。如图中的"文彭之印"，朱文印线条婉转却不纤弱，"彭"字的"彡"与"文"的"彡"上下呼应，刚柔并济。传世的文彭篆刻作品，作伪者极多，很难鉴别（图93）。

文彭的影响巨大，求学者众多，比较著

文彭之印

文寿承氏

图93

名的有李流芳、陈居一、归昌世、顾苓、徐象梅等，被称为"三桥派"，又因为地域上以苏州为中心，所以以文彭为首，又被称为"吴门派"，开启了流派印章的艺术之门。

何震（1530年—1604年），字主臣，又字长卿，号雪渔山人。徽州婺源（今江西婺源）人。久居南京，与文彭交往甚密。文彭年长何震三十多岁，既是何震的老师也是朋友，世人将两人并称为"文何"。早期何震印风受到文彭影响。

1572年，顾从德集秦汉古印一千七百多方钤成原拓本《集古印谱》，引起印坛轰动，为印坛的一大壮举，极大地推动了印学的发展，众多篆刻家从此书中汲取营养，取得了很大的成就。何震就是得到此印谱的启发，直追秦汉，参以凶狠猛利的冲刀之法，并形成了自己的风格，工整稳重的同时又表现了一种特有的爽利。如"柴门深处"一印，字体简洁，笔画刚健有力，锋芒外露。另一方著名的"笑谭（谈）间气吐霓虹"一印，为何震晚年所刻，很好地诠释了何震印风中爽快猛利（图94）。

图94　笑谈间气吐霓虹

何震的印风得到文彭的挚友汪道昆的赏识，邀请何震去北方游历，誉名大起，大将军以下的官员都以能到何震的印为荣。一时间，向何震学印的人不计其数，著名的弟子有程朴、梁千秋、吴迥、吴良止、金光先等，形成了一个新的流派——"徽派"（又称为新安派）。何震即为徽派的开山祖师。

何震生前留下大量印作，弟子众多，且能仿效师父印风，因此何震的印风虽然可以得见，但若要鉴别却也有一番难度。何震去世后，程原、程朴父子集何震印作五千多方，并选摹一千五百多方集成《忍草堂印选》（又名《何氏印选》）。

除了文彭、何震之外，这一时期著名的篆刻家还有苏宣、朱简、汪关等人。

苏宣（1553年—1626年后），字尔宣，又字啸民、朗公，号泗水，安徽歙县人。著有《印略》三卷。

苏宣的父亲与文彭交往甚笃。苏宣幼年即秉家训，博览群书。后来为文彭收为弟子，跟随文彭学习篆刻。何震为文彭高足，何震印风自然也会影响到苏宣。受到两位大师的影响，使得他的印从一开始就有一种傲立群雄的气势。他曾漫游收藏大家松江顾从德、嘉兴项元汴处，得以观看大量的秦汉古玺实物，眼界大开，境界更进一层，有与文彭、何震鼎足而立之势。

苏宣的印作既有文彭的柔和韵味，又有何震的爽利雄风。他认为刻印重在变化，因此他入篆时，对文字笔画多有改动，常故意作出时间磨损剥蚀的效果，以追求一种高古的风度。如"苏宣之印"一印，从布局和文字来看，为学习汉印之作，但刀法老辣，四边角皆有残损，十分自然古朴。

苏宣不仅善于刻石，还能刻铜、银等较

图95 张灏印章

硬的印材。如"张灏印章"（图95）铜印，雄健爽朗，韵味生动，颇有汉代铜印风貌。

朱简（生卒年不详），字修能，一字畸臣，安徽休宁人，主要活动于明代万历天启年间。

朱简曾受业于明末著名文学家、书法家陈继儒，能文善诗，与当时著名书画篆刻家李流芳、赵宦光交往甚密，得以见到大量的古玺实物，眼界高古，一改当时认为秦汉以上无印的思想，认为某些朱白文小玺实为先秦以上印。除刻印以外，他的印学理论也很有成就，著有《印书》《印图》《印章要论》《印经》《印品》等。《印品》分两集，上集摹刻古玺，下集摹刻汉印，并专列"谬印"一篇，对当时名家如何震、梁千秋等人的部分印作进行了鉴赏，并指出了篆法或章法上的不足。

朱简眼界高古，因此在刀法上追求一种古朴的效果，创造出一种碎刀短切的刀法，一根线条由多次短切刀组成，线条钝拙，显得老辣苍茫。如著名印作"又重之以修能"（图96），线条钝拙，碎刀短切而成，起笔收笔较为凝重，但每一个笔画皆苍劲有力，笔画顺着笔势，刀中有笔，收中有放，放中有收。

汪关（生卒年不详），原名东阳，字杲叔，安徽歙县人，久居娄东（今江苏太仓）。万历四十二年（1614年）在苏州因为得到一方汉代铜印，印文为"汪关"，遂改名，并定居室名为"宝印斋"。著有《宝印斋印式》二卷。

图96　又重之以修能

汪关家藏古印二百多方，每每自我把玩，细致品味，古印的笔法、章法和意趣皆藏于其胸，这也使得他的印并不会受到当时文彭、何震等大家的印风束缚，能够直追汉印，形成自己的风格。汪关的白文印和朱文印，功夫极深，工稳沉静，刀法光洁润丽，十分秀美。笔画交会处多刻成焊接点形状，实为仿照用墨书写的效果，也使得笔画交接自然，显得十分圆转敦厚。他还尝试刻制缪篆朱白印，线条光洁，形态自然，深得汉印精髓。(图97)

汪关的弟子并不多，但流传有序，代有作者。其子汪泓能得其真传。清初沈世和、林皋皆传其学，其中又以林皋最为有名。

图97　赵宧光印

三、徽派的后起之秀之 勇于创新的歙四家

　　徽派祖师何震弟子众多，多学师父面貌，雄伟猛利的印风一直传承下去，愈往后，则猛利的背后缺少一种天然的韵味，显得呆板怪谬。这种现象出现过一段时间后，朱简的出现一改此印风，短刀碎切，苍茫老辣。明清之际，程邃继朱简而起，又有汪肇龙、巴慰祖、胡唐承其衣钵，四位艺术家皆是安徽歙县人，因此被称为"歙四家"。其实四人还是徽派的传人，应属徽派，只是印风与最初面貌有所改变，这也应该是徽派兼容并包不断改进的表现。

　　程邃（1602年—1691年），字穆倩，号垢区、垢道人、清溪朽民、野全道者、江东布衣，安徽歙县人，久居南京，晚年居于扬州，诗书画印四绝，为复明四处奔走，是一位气

节很高的艺术家。著有《会心吟》。

　　程邃和朱简同受业于陈继儒。朱简当时又有印谱留世，故而朱简的治印方法和印风，程邃耳濡目染，十分熟悉。朱简当时一改以往徽派尽学何震的猛利印风，首创碎刀短切方法，形成一种苍茫古朴印风，而为印坛所称道。程邃承其路，不走猛利一路，但也不尽学朱简，而是有自己的思想。程邃精通钟鼎彝器金石文字，治印时刀法同样采用碎刀，但文字却参以金石文字，离奇错落，别有风味。周亮工《印人传》中说："黄山程穆倩邃以诗文书画奔走天下，偶然作印，用力变文、何旧习，世翕然称之。"清代浙派著名篆刻家黄易曾在一印的边款中这样评价："文、何南宗，穆倩北宗。"可见对程邃艺术水平的推崇。

　　程邃印谱失传，汪勉堂辑有一千六百多方，后来乡人程芝华从中选摹五十余方，编在《古蜗篆居印述》，虽然一定程度上保存了程邃印作的面目，但因为不是真迹，且程邃善用碎刀，笔画苍茫，难以摹写，很难还原印中的韵味。所幸，程邃诗书画印四绝，在

蔚为大观的明清篆刻艺术

程邃之印　　　　　　　程邃　　　　　　　　穆倩

图98

其书画作品上，可以见到原印钤盖印文，如"程邃之印""程邃""穆倩""垢道人程邃穆倩氏"等，印风苍茫古朴，形式多样（图98）。

汪肇龙（1272年—1780年），又名肇滹，字松麓，号稚川，安徽歙县人。年少时以鬻印为生，后受学于皖派经学大师江永门下，通六书，善经学，著有《石鼓文考》。篆刻习汉印，作品今较少见。

巴慰祖（1744年—1795年），字予籍，一字子安，号隽唐、晋唐、莲舫等，官至候补中书，安徽歙县人。少时即刻苦学习，工书善画，尝学钟鼎彝器的款识写法，很有造诣，曾从友人处得《顾氏集古印谱》，日夜摹写，后编成《四香堂摹印》一书，虽然为早年作品，但却得古印精髓，可见年轻时即有大家之气。

巴慰祖的印作，早期印作只见于《四香堂摹印》和程芝华所编的《古蜗篆居印述》。前者为巴慰祖早年之作，后者虽摹印逼真，但毕竟不是真迹，总失韵味。此后发现1917年影印出版的《董巴王胡会刻印谱》，其实就是巴慰祖的真谱。印谱分为四册，列四位艺术家印作，分别为董洵、巴慰祖、王振声、胡唐。随后发现此印谱的原钤底本，底本上全谱风格相同，且有巴慰祖世交胡光硕题跋，题跋中明确写出此谱为巴慰祖的专谱。

巴慰祖治印刀法学朱简的碎刀短切法，但不一味照搬，多用涩刀，沉凝不光润。且因为其早年摹写汉印，得汉印精髓，又参以金石文字，印作神韵毕现，风貌高古。如"慰祖印信""桃花关外长""下里巴人"等印。巴慰祖的儿子巴树谷、巴树烜，外甥胡唐，弟子吴榕、胡基等，都学其印风并不断传承下去（图99）。

胡唐（1759年—1826年），一名长庚，字咏陶，又字子西、西甫，号瘳翁、木雁居士、城东居士等，为著名篆刻家巴慰祖的外甥，印风学巴慰祖，与巴慰祖并称巴胡。擅长朱文小字印，行书小字边款清新脱俗，尤为精绝，为人所称道，著有《木雁斋诗》。印作如"白发书生"、"瓟翁"（图100）、"城东十四郎"等。

臣生七十四甲子

慰祖印信

图99

图100　**瓟**翁

四、浙派西泠八家的古朴风貌

清代初期，金石学大兴，嗜古一时成为风气，印坛新人辈出，印学著作和专门印谱不断问世，成就了清代篆刻艺术的一派欣欣向荣。流派印章是这个时期的突出特点，其中以浙派和徽派两大篆刻流派最为有名，名家济济，名作纷繁。浙派为丁敬首创，派内艺术家众多，且多为浙江人氏。徽派内艺术家多为安徽人氏。两个流派之间风格多有不同，也互有融合，派内艺术家多不囿于前人大家，努力探索，形成自己的风格，给中国篆刻艺术史带来了极大的影响，后人学篆既上追秦汉，又多学浙派、徽派。

丁敬（1695年—1765年），字敬身，号砚林、钝丁、砚叟、龙泓山人等。浙江杭州人。未曾做官，为一介布衣。著有《武陵金石录》

《砚林诗集》《砚林印谱》。

丁敬早年经营一家小酒馆，以卖酒为生，表面上与别人并无两样，其实心志很大。他的心志并非在科举仕途，而是对艺术的执著追求。当时地方上举荐他去应"博学鸿词"科，他坚决拒绝。《道古堂文集·隐君丁敬传》如是评价："嗜好金石文字，善书工诗，精于鉴别，慧眼独具，秦汉铜器，宋元名迹，寓目即辨。"他时常对周边地区进行访察，遇到碑版石刻，皆悉心扑拓，录入文字。眼界极高，且精于鉴别，虽然远在杭州，却时常不辞远行去扬州。时扬州艺术家云集，丁敬又与"扬州八怪"之一的金农交好，常在一起切磋谈艺，成为佳话。

丁敬对于篆刻艺术有很大贡献。当时明代篆刻大家文彭、何震、苏宣、朱简、汪关对印坛影响很大，时人多学之，而丁敬能一改前人风貌，独辟蹊径，以切刀法形成自己的特有印风，在印坛独领风骚，学其者众多，成为浙派祖师。

丁敬的切刀法从朱简的碎刀中获得启发，并在汲取秦汉、元明玺印的基础上，不落窠臼，采用长短不一的短切刀，线条起伏，随刀前进。印作中处处可见刀法，工稳而不失老辣活泼，富有金石趣味。他自己曾说："古人篆刻思离群，舒卷浑同岭上云。看到六朝唐宋妙，何曾墨守汉家文。"切刀的风格和韵味在他的著名印作中都能得以展现，如"敬身"、"玉几翁"（图101）、"龙泓馆印"等。

丁敬以后，继承者有蒋仁、黄易、奚冈三大家，他们皆继承了切刀法，却能形成自己的风格，取得了很大的成就，连同丁敬，被称为"西泠四家"。

蒋仁（1743年—1795年），原名泰，字阶

敬身

玉几翁

图101

平，后在扬州得到一方汉印，印文为"蒋仁之印"，因此改名蒋仁。号山堂、吉罗居士、女床山民，浙江杭州人。著有《吉罗居士印谱》。

蒋仁家境贫寒，但艺术造诣很高，诗书画印在当时皆有很高的成就，诗画清新脱俗，行楷书被推为当代第一手。性情孤傲，不愿入仕途。甘于清贫，终日与家人和诗书画印为伴。

在篆刻艺术上，蒋仁最服膺丁敬，刀法仍为切刀法，印风于苍茫浑朴中带有拙趣。著名印作如"净土""蒋仁印""磨兜坚室""蒋山堂印"（图102）。其中"蒋山堂印"中，"蒋"字笔画较繁，而"山"字笔画简单，他以简就繁，将"山"字稍作挪让，既破除了平板，又保持了平稳，切刀老辣沉稳，整个印风浑厚凝重。

黄易（1744年—1802年），字大易，其父黄树谷名松石，人称"松石先生"，黄易因此号小松，又号秋庵、秋影庵主。浙江杭州人。

黄易幼承家学，诗书画印皆精，书善篆隶，为世所重。其父与丁敬交往甚密，篆刻

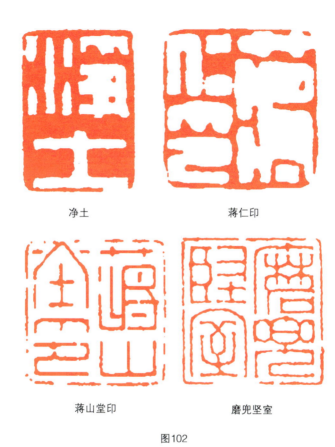

净土　　　　　　　　蒋仁印

蒋山堂印　　　　　磨兜坚室

图102

受业于丁敬，家学深厚，加之起点高，黄易从一开始就取得了很大的成功。他曾说篆刻需要"小心落墨，大胆奏刀"，一直被篆刻家奉为信条。黄易嗜好金石学。同著名金石学家王昶、阮元、翁方纲等交往甚密，四处搜访摩崖碑刻，每到一处皆细心扑拓，录入文字，编录成书。曾自绘《访碑十二图》，东汉嘉祥的武氏祠就是经黄易发掘才得以保护下来的。著有《小蓬莱阁金石文字记》《小蓬莱阁集》等。

因为嗜好金石学，黄易的篆刻上至秦汉下到元明皆有汲取营养，使得印风更有高古之气，加之师承丁敬，有青出于蓝之势。早年丁敬对他寄予厚望，曾如此评价："他日传龙泓而起者，小松也。"乾隆三十九年（1774年），黄易在河北访得东汉"祀三公山碑"，将碑移至龙化寺，此碑名声大起，为此黄易刻了一方"小松所得金石"印（图103），以示纪念和表达内心的欣喜。此印六字，大小不同，布局较难。黄易将"所"字"户"部加重，而将"得"字单人旁减轻，相互照应。全印变化丰富，布局妥当，刀中有笔，富有金石趣味。

图103 小松所得金石

奚冈（1746年—1803年），原名钢，字铁生，一字纯章，号鹤渚生、蒙泉外史、散木居士。浙江杭州人。性格豪爽，好酒，天赋极高，九岁即可作隶书。能诗善画，山水学董其昌、王时敏，花鸟学恽敬。与当时著名书画家方熏齐名，并称为"方奚"。著有《冬花庵烬余稿》《蒙泉外史印谱》。

奚冈比黄易小两岁，同样师法丁敬，但形成自己的风格，印面去豪健而多秀逸，主张"笔往而圆，神存而方"。印作多见长款，且长款中多表达自己的印学见解，如"寿君"印款："仿汉印当以严正中出谲宕，以纯朴处追其茂古，方称合作。"著名印作如"接山草堂""奚冈之印""蒙泉外史""奚冈言事"（图104）。

继"西泠四家"后，浙派又相继出现了陈豫钟、陈鸿寿、赵之琛、钱松四位篆刻家，艺术造诣为印坛瞩目，世称"西泠后四家"，或将他们与"西泠四家"并称为"西泠八家"。

陈豫钟（1762年—1806年），字浚仪，号秋堂，浙江杭州人。诗书画印俱精，富收藏。著有《古今画人传》《求是斋集》《求是斋印谱》《明画姓氏韵篇》。印宗丁敬，谨守法度，秀丽工整，与陈鸿寿齐名，世人称为"二陈"。著名印作如"陈豫钟印""文章有神交有道""书带草堂""洗翠轩"等（图105）。

接山草堂

蒙泉外史

奚冈言事

图104

奚冈之印

陈豫钟印

文章有神交有道

图105

陈鸿寿（1768年—1822年），字子恭，号曼生、老曼、曼公、种榆道人等。浙江杭州人，官至江苏溧阳知县。诗书画印俱精，所作隶书多有创意，独步一时。富收藏。在溧阳为官时，与紫砂之乡宜兴相近。当时紫砂行业衰落，难出名品。陈鸿寿便与紫砂艺人杨彭年联手，由他设计壶的式样，由杨彭年负责烧制。烧制成功后，再由他进行刻铭钤印，开创了壶艺与诗书画印的结合，极其雅致，时人争相购藏，世人称为"曼生壶"，为紫砂壶中的精品。

浙派传至陈鸿寿时，已经是强弩之末，时人学浙派已经陷入程式化，一味追求切刀，缺乏变化，千篇一律。而陈鸿寿在师法丁敬的基础上运刀老辣，刀痕毕露，起伏相连，气势万千。自陈鸿寿始，后人再学浙派，多学陈鸿寿。浙派赵之琛曾如是评价："胸中有书数千卷，复枕葄（zuò）于秦汉人官私铜玉印，故奏刀时参互错综，出神入化，洋溢乎盈盈寸石间。"著名印作如"七芗诗画""浓花澹柳钱塘""琴书诗画巢""南宫第一"等（图106）。

七芗诗画   琴书诗画巢

图106

赵之琛（1780年—1860年），字次闲，号献甫、献父、宝月山人。浙江杭州人。晚年好佛学，自命居室为补罗迦室，著有《补罗迦室集》《补罗迦室印谱》。嗜好金石学，工书善画，曾帮助阮元编著《积古斋钟鼎彝器款识》。赵之琛为陈豫钟的弟子，治印数量多，刀法娴熟，时誉很高，但不求变化，千篇一律，晚年时印面笔画燕尾鹤膝习气严重。著名印作如"补罗迦室""渤海叔子""重远书楼"（图107）。

钱松（1818年—1860年），原名松如，字叔盖，号耐青、铁庐、末道士、西廓外史、云和山人等。浙江杭州人。著有《铁庐印谱》。工书善画，曾摹刻汉印两千多方，功力很深。虽学浙派，却能不落窠臼，独辟蹊径，在朴拙中追求意趣，变化出一种结合碎切和批削结合的新刀法，方峭中带着圆厚，十分可贵。近代印坛大师吴昌硕极为赞赏钱松，称其为浙派的后劲。当时另一位浙派篆刻大家赵之琛年长其三十多岁，见到钱松的印作时认为："此丁黄后第一人，前明文何诸君不及也。"著名印作如"臧寿室印""南宫第一对策第二""吴际元印"等（图108）。

汉瓦当砚斋　　　　补罗迦室　　　　渤海叔子

图107

图108

臧寿室印　　　　南宫第一对策第二

五、皖籍邓派的刚健婀娜

浙派领衔清代印坛，名家众多，弟子无数。虽然如此，浙派并非一枝独秀。来自安徽的邓石如也能独树一帜，形成印坛新风貌，称为邓派。邓石如之后相继涌现出吴让之、徐三庚、赵之谦、黄士陵等皖籍大家，虽然印宗邓派，但都能自出新意，刀法见解独特，从学者众多，在清代印坛具有重要的地位。

邓石如（1743年—1805年），原名琰，字石如，后为避嘉庆帝名讳，改名为石如，字顽伯，号完白山人。因为一生好云游天下，故有别署为籍游道人。安徽怀宁（今安徽安庆）人。著有《完白山人印谱》。

邓石如的一生皆在各地云游驻足，或鬻印书刻自给，或入当时名士之家做幕僚，淡泊明志，不受拘束。邓石如三十二岁时得到寿春书院名士梁巘赏识，推荐至江左望族梅镠家，在梅家待了八年。梅家富于收藏，邓石如在此期间得见大量钟鼎彝器、碑额瓦当，日夜临习，以隶入篆，柔豪书写，肉丰血畅，笔势遒劲，一改以往学篆全学秦篆细劲之风。此后邓石如离开梅家，游扬州，上黄山，进山东，至湖北，复登泰山，复还扬州，后归故里。在此期间，得见大量摩崖碑刻，在众多名士家中得见诸多收藏，眼界大开，技艺与日俱长。加之其睹见各地名山大川，豪迈之气育于心中，在他的书法和篆刻中都有着一种浩然之气。在其花甲之年，在镇江遇见包世臣，收为弟子，倾心指导，包世臣亦成书法碑学大家。

邓石如篆刻建立在其深厚的小篆基础上。与浙派相比，浙派多方，邓多圆转；浙派多切刀，邓派多冲刀；浙派古拙，邓多秀丽。"印从书出，印外求印"最能形容邓石如的篆刻艺术，也为篆刻艺术拓展了一片新天地，是对印坛的巨大贡献。

邓石如的印作刚健婀娜，既有书法意境，又有金石趣味。直线中参以曲线，线条呼应，畅快婉转，既避免了平板又不失工稳活泼，别有一番趣味。如著名的"江流有声，断岸千尺"

蔚为大观的明清篆刻艺术

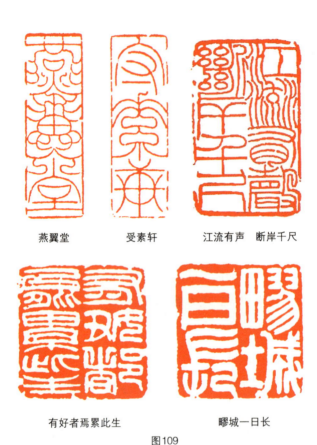

燕翼堂　　　　受素轩　　　　江流有声　断岸千尺

有好者焉累此生　　　　　　嘐城一日长

图109

一印，疏密对比强烈，笔画多取曲势，婉转而且遒劲，计白当黑，疏可走马，密不透风。其他著名印作有"燕翼堂""受素轩""有好都能累此生""嘐城一日长"等（图109）。

吴让之（1799年—1870年），原名廷飏，字熙载，后以字行，改字让之，号晚学居士、方竹丈人等。江苏仪征人。著有《师慎轩印谱》。

吴让之是包世臣的弟子，是邓石如的再传弟子，早年跟随包世臣学习书法，得邓石如真传。较之于邓石如的刚健婀娜，吴让之的篆书更显舒展流美。篆刻首学汉印，再学邓派篆刻，运到迅疾，圆转流动，推陈出新，少了邓石如的刚健，多了份自己的流畅洒脱。吴让之学印勤奋，平生治印在一万方以上。且谦虚好学，曾在吴云邀请入住其家，遍览钟鼎彝器、玺印碑刻，技艺大增，并为吴云刻印几十方，实为多产大家。

吴让之刀法醇厚，以轻浅取势，干净利落，双刀衔接，笔意尽显。篆刻大师吴昌硕曾如此评价："让翁平生固服膺完白，而于秦汉玺印探讨极深，故刀法圆转，无纤曼之习，气象骏迈，质而不滞。余尝语人：'学完白不若取径于让翁。'"足以见出吴让之印艺之高（图110）。

吴让之的篆刻对稍晚的赵之谦、吴昌硕、黄士陵皆有影响。赵之谦当时年少吴让之三十多岁，但天赋极高，是一位全能型的艺术

蔚为大观的明清篆刻艺术

家，对吴让之亦是十分钦佩，曾在"会稽赵
之谦字撝叔印"侧题跋云："息心静气，乃
得浑厚，近人能此者，唯扬州吴熙载一人而
已。"

吴熙载印

让之

足吾所好玩而老焉

图110

六、再创高峰的晚清印人

徐三庚（1826年—1890年），字辛谷，号袖海、井罍、金罍山民、金罍道人等。浙江上虞人。

徐三庚艺术修养很高，工书法，善刻竹，久居上海，其印风曾风靡一时。徐三庚的篆刻艺术主要分为三个阶段：第一阶段学浙派。出生于浙江的他，从小受到浙派艺术的影响，学印也从浙派入手，以切刀为主，展现一种苍茫老辣的印风。在早期印作"石董狐"中可以体现，皆为浙派面貌，浙派功底扎实。第二阶段为学邓派。邓石如再传弟子吴让之此时正得名，为世人所重。徐三庚受到邓派风格的影响，进而开始学习，改变以往的苍茫印风，开始尝试刚健婀娜，圆转秀美的风貌，以小篆入印，结体也多学邓派，此时的印作如"张子祥六十岁以后之作"，一改以往苍茫朴拙的刀法，线条已经变成流畅光洁秀

美的模样。第三阶段，寻求改变，学习古人，
从《天发神谶碑》和商周金文、两汉碑刻中
汲取营养，形成自己的风貌。著名印作如
"桃花书屋"一印，笔意尽显，起收转折，疏
密安排，朱白对比皆恰到好处（图111）。

桃花书屋

谦退是保身第一法　　　　前身应画师　　　　　　小桃花盦长

图111

徐三庚对篆刻艺术的推广作出了很大的贡献。徐三庚久居上海，日本艺人远涉重洋来上海拜师学艺。徐三庚的篆刻艺术传到日本，产生了很大的影响。但也有些印学著作认为徐三庚的印风过于柔媚，这便是仁者见仁智者见智了。总体来说，徐三庚的篆刻艺术形成了自己的风貌，影响很大，实为大家。

赵之谦（1829年—1884年），字撝叔，一字益甫，号冷君、悲盦、无闷、子欠、憨寮、笑道人等，斋号二金蝶堂。浙江会稽人。咸丰时举人，入北京多次参加会试而不中。至四十多岁时方入仕途，官至江西南城、奉新等地知县。曾主编纂《江西通志》，编刊《仰视千七百二十九鹤斋丛书》，著有《悲盦居士文存》《悲盦居士诗賸》《国朝汉学师承续记》《补寰宇访碑录》《二金蝶堂印谱》等。

赵之谦年少时家境富裕，家学深厚。父亲去世后，家境衰落。三十多岁时，妻子女儿又相继离世，给他造成很大打击，改号"悲盦"。虽然生活如此艰难，但这一时期他的艺术却大放光彩，取得了很高的成就，为世人和后人称道。书法真书、行书取法北碑，

蔚为大观的明清篆刻艺术

却不是一味雄伟恣肆，而展现出一种圆转柔美；篆隶学邓石如，妩媚多姿。绘画善用颜色，对比鲜明，对当时的海派画家影响很大。

其篆刻艺术博采众长，既学浙派，又学邓派，虽然他自己不认为学习过邓派，但从他的印作中许多地方皆有邓派的因素存在。他能将两派很好地结合起来，成为划时代的艺坛巨匠。他提倡印外求印，战国钱文、先秦石鼓、诏版权量、镜铭碑额、摩崖石刻无所不用，且能取其特征，得其神采。曾在"松江沈树镛考藏印记"一印的边款中说："取法在秦诏汉灯之间，为六百年摹印家一门户。"可见其对自己印作的自信。他的朱文印取法邓派，以小篆入印，起收笔皆能体现笔意，线条细劲挺拔、柔美飘逸。白文印疏密安排妥当，注意留红，对比强烈，疏可走马，密不容针；用刀老练，印风浑厚凝重（图112）。

赵之谦一生印作近三百多方，数量不多，四十岁以后很少有印作，且从不轻易治印，取得如此高的成就，足见其天赋极高。著名印作如朱文"赵之谦印""寿如金石佳且好

定光佛再世坠落娑磐
（婆）世界凡夫

绩溪胡澍川沙沈树镛仁和魏锡曾
会稽赵之谦同时审定印

丁文蔚

赵之谦印

图112

兮""为五斗米折腰"等，白文印如"汉学
居""丁文蔚""绩溪胡澍川沙沈树镛仁和魏
锡曾会稽赵之谦同时审定印"等。

黄士陵（1849年—1908年），字牧甫，亦
作穆甫、穆父。安徽黟县人，世人称其印风
派别为"黟山派"。著有《黄牧甫印存》。

　　黄士陵幼年家境较好，父亲博雅多识，著有《竹瑞堂集》。他八岁便可操刀治印。十四岁时，因太平天国在家乡与清军作战，家园被毁，随后父母相继离世，被迫背井离乡，外出漂泊，和其兄在南昌以开照相馆为生，并继续刻印以维持生活。二十九岁时，在南昌出版了《心经印谱》，此时的印风为了迎合大众，注重装饰和精巧。三十三岁时南下广州，仍然以卖印为生，得以见到大量印谱，心摹手追，技艺大增，此时多学邓派吴让之，逐渐摆脱早年浙派的影响，认同"书从印入，印从书出"的观点，形成了一种邓派印风。后因得到珍妃从兄志锐赏识，随其进京入国子监学习，得以认识众多当时的金石大家，见到大量金石拓片、碑版古玺，眼界得以提高。后受广东巡抚吴大澂邀请，再次南下广州参加广雅书局校书堂工作，并协助吴大澂编拓《十六金符斋印存》。这一段时间印艺再次得以提升，已经形成自家风貌，为世人所重。五十一岁时，归返黟县故里，后曾短暂赴湖北协助端方编著《陶斋吉金录》。五十九岁终老故里。

祇雅楼印

化笔墨为烟云

图113

黄士陵印风平正而且奇险，朴拙中凸显新奇，富有意蕴。他追求一种光洁研美的印风，曾在印跋中说："汉印剥蚀，年深使然，西子之矉，即其病也，奈何捧心而效之。"在其印作中，无论临摹或是创作，皆遵守这一理念，不加残破，保持完好。篆法广采博取，创造出众多风格不同的作品，章法特征鲜明，印文的线条不固守常规，能够巧妙利用线条的变化，参差组合，使印面产生丰富的变化，平整中见奇效，如印作"施庵诗草"中"草"字的上下安排，"玉梨云馆"中"梨"字的变化皆具有强烈的艺术效果。著名印作如"祇雅楼印""元常长寿""十六金符斋""家在庐山第五峰"等（图113）。

黄士陵之后，学习其印风的主要有易熹、李茗柯、邓尔雅、乔曾劬等，其中又以乔曾劬最为有名，著有《波外楼诗》《乔大壮印蜕》等。

吴昌硕（1844年—1927年），初名俊，俊卿，字苍石、仓石、昌石、昌硕，别署缶庐、老缶、苦铁、大聋、破荷、破荷亭长等。浙江安吉人。是由清代入近现代扬名海内外的大书画家、篆刻家。

吴昌硕信奉邓石如所言"印从书出"，幼年即发奋学习，提倡以钟鼎彝器款识入印，篆书于《石鼓文》所下工夫最深，吸取先秦大篆的精髓，并逐渐形成自家风貌。他曾在六十五岁时自题《石鼓文》临本："予学篆好临《石鼓》，数十载从事于此，一日有一日之境界。"

吴昌硕篆刻艺术可分为两个阶段：四十岁之前，主要师法浙派和邓派。早年受浙派影响较深，印风多走苍茫朴拙一路，后受到邓石如和吴让之影响，印风逐渐变得婀娜秀丽起来。四十岁之后，将钟鼎彝器款识封泥和自己书写《石鼓文》的基础融入印文中，线条逐渐变得苍茫凝重，常使用钝刀刻石，刀法也变得凝重老辣起来，并自命为"钝刀中锋法"，章法上疏密自然，看似漫不经心，实则法度严谨，既有汉篆的秀丽、古玺的古拙，又有封泥的苍茫，开创了一种雄浑苍劲的新风格，推动了篆刻艺术走向又一个高峰。著名印作如"破荷亭""心陶书屋""听有音之音者聋"等（图114）。

破荷亭　　　　　　　听有音之音者聋

图114

　　吴昌硕的篆刻艺术影响很大，风靡一时，西泠印社成立后，被公推为首位社长。他的作品，日本、朝鲜人士竞相购买珍藏，并远涉重阳来到上海拜师学艺。

　　齐白石（1863年—1957年），原名纯芝，字渭清，后改名璜，号白石，别号寄萍老人、借山吟馆主者、阿芝、三百石印富翁等。湖南湘潭人。新中国成立后，曾任中国美术家协会主席。著有《借山吟馆诗草》《三百石印斋纪事》。

　　齐白石早年家贫，跟人学习木雕技术，手工十分精熟。后发愤刻印，十分刻苦。他自己曾说："余学刊印，刊后复磨，磨后又刊，客室成泥，欲就干，移于东，复移于西，移于八方，通室必成池底。"齐白石篆刻从浙派入门，后得《二金蝶堂印谱》而转学赵之谦，在此基础上不断从秦汉金石文字中汲取营养，消化吸收，终于形成了自己的风貌，开创了齐派篆刻艺术。

　　齐白石篆刻刀法独树一帜，多用单刀偏刃直冲，强调不削不作，快刀斩乱麻，石头自然剥落，气势贯通，一气呵成。这样形成的线条，无论白文还是朱文，线条皆是一边粗糙，一边光洁。章法上善于巧妙安排文字，利用边框，欹正向背巧妙安排，相互参差错落，对比强烈，视觉冲击力很强，在不规整中寻求平衡统一。著名印作如"寄萍堂""中国长沙湘潭人也""鲁班门下"等（图115）。

寄萍堂

中国长沙湘潭人也

鲁班门下

图115

七、篆刻艺术的辑成之印谱

　　印谱是对古今玺印和篆刻作品的汇集，对篆刻艺术的研究和发展具有重要的作用。从篆刻艺术出现到现在，出现了众多著名的印谱，以下则选取部分，稍作介绍。

　　印谱最早起于何时，有三种说法：一是北宋末年，杨克一《集古印格》；二是宋徽宗时的《宣和印谱》；三是古印无图谱，宋皇佑初，命太常摹历代印书为谱。且不论具体哪一部印谱最早，但据目前所得材料可推断印谱最早始于宋代。宋代其他印谱有姜夔《姜氏集古印谱》，陶宗仪《古人印式》等。

　　明代时，上海顾从德《集古印谱》，共二十部，有藏印共一千七百多方，皆为原印钤拓，为印史划时代的事件，为印学和篆刻艺术的发展作出了巨大贡献。明末，江苏太仓人张灏于万历四十五年辑成《承清馆印谱》四册，崇祯四年辑成著名的《学山堂印谱》

六册，第二年又增加为十册，共收录篆刻作品二千多方。

清代河南祥符人周亮工编成《印人传》，是印学界第一部为印人作传的著作。康熙六年，又与其子辑成《赖古堂印谱》四卷，共收录名家篆刻作品一千多方。

安徽歙县人汪启淑辑成《飞鸿堂印谱》五集，每集二册，共四十卷，共收录名家篆刻作品四千多方。

《十钟山房印举》，由陈介祺所辑成，集自己和其他名家所藏印，共五十册，3342方印，仅拓十部。此为辑诸家藏印之先河，为印坛空前大事。随后陈介祺又将《十钟山房印举》扩充为一百九十一册，10284方印，成为集古印谱中最为著名的一部。陈介祺（1813年—1884年），字寿卿，号簠斋，山东潍县人，道光时进士，藏印过万，号称万印楼。一生辑过多部著名印谱，如《簠斋印集》《十钟山房汉两面印举》《簠斋藏古玉印谱》。

《十六金符斋印存》，由吴大澂邀请黄士陵协助共同辑成。吴大澂为清代杰出金石学家，同治时进士，富收藏，因藏有十六种古代兵符，故称居室名为"十六金符斋"。

《赫连泉馆古印存》，由浙江上虞人。著名金石学家罗振玉所辑，共录印326方，第二年，又得古印500方，集《赫连泉馆古印续存》一册。

《魏石经室古玺印景》，由金石学家周进毕生精力所辑，印谱中多稀世珍宝，为世人所重。

近当代也陆续集了大量印谱，比较著名的有《上海博物馆藏印选》《故宫博物院藏古玺印选》《湖南省博物馆藏古玺印集》、罗福颐先生主编的《古玺汇编》、康殷先生主编的《印典》等。

一、书法与刀法的完美结合之篆刻艺术技法

篆刻艺术是中国的传统艺术，至今已经有两千多年的悠久历史，明清流派印章的出现进一步推进了篆刻艺术的发展，涌现出众多的篆刻艺术大家，随着篆刻艺术的普及度越来越高，越来越多的人投入到这门艺术之中。篆刻所需材料主要为：刻刀、印石、印泥（钤盖印章的材料）、印床（固定印石所用）、毛笔、墨汁、纸、砚台、拓包（拓制边款所用）、棕刷等。

篆刻技法主要是将书法艺术，通过刀对石的加工，以一种独特的形式表现出来形成一种独特艺术效果的过程。所以篆刻艺术的基础在于书法艺术，所谓"三分刀法，七分篆法"即是表达这层意思。总得来说，篆刻技法主要包括：篆法、刀法、章法、款法四个方面。

（一）篆法

篆刻顾名思义，印章的入印文字主要为篆书，虽然也有其他书体入印者，并取得了不错的成就，但主要部分为篆书，因此学好篆书是学习篆刻艺术的重要前提。中国文字具有悠久的历史和文化。篆书也经历了不同时期的形式变化，主要有大篆、小篆两种形式。而大篆中又包括商周金文、籀文、石鼓文等。大篆早期形式为笔画短直，转折直接爽利，形式活泼，多有重心不稳的情况出现。发展到石鼓文时，体态显得浑厚凝重，笔画已经变得圆润，结构洒脱舒展，已经部分具有小篆的形态。秦始皇时统一使用小篆。小篆法度严谨，结构平稳，工整饱满，笔法上横平竖直，粗细一致，转折圆润，无点勾、提顿、虚白变化。

入印文字首要需要统一风格，部分使用小篆，部分使用大篆则显得印文风格不一，显得不协调美观。其次要掌握文字特点，字形和笔画要把握准确，这需要长期的篆书练习。再次，入印文字有时为了章法，会对文字的笔画部分进行变化，但必须保证文字本身的正确性，不可随意更改。

（二）刀法

是将文字通过刀对石头的加工以表现出来的技法，刀法主要分为执刀法、运刀法、刻法三个方面。执刀法主要分为：

拳握式执刀法：五指紧聚作握拳状，刻刀紧握于手中，大拇指抵住刻刀尾部，运动时依靠腕与肘的力量。

五指式执刀法：形式类似于五指执笔法，指实掌虚，依靠肘、腕、指的相互配合。

运刀法主要分为：

冲刀法：刻刀刃在石头上以冲击的形式前进，气势足，行刀时不疾不滞、稳妥前进。冲刀时要注意及时驻留，防止线条刻过或者冲出石面伤到手指。冲刀刻出的线条爽快猛利。

切刀法：刻刀刃在石头上起伏前进，两刀刀角交替切入石内，一段笔画需要多次切刻方能完成，切刀时注意不要将切刻的排列过于整齐，自然错落形成线条。切刀法的线条显得苍茫老辣，富有金石趣味。

在具体的刻制过程中，不仅有以上两种

方法，还可冲切结合，视具体需要而定。

刻法主要分为：

单刀法：线条由单线刀痕完成一根白文线条，用于刻白文印，由冲刀和切刀之分，单刀线条一边光滑，一边粗糙。齐白石刻印即以单刀直冲而著称，形成的线条老辣爽利。

双刀法：在笔画两侧刻制，往复两刀形成的线条。白文双刀刻在笔画内部两侧，将实际笔画挖出。朱文双刀刻在笔画外部两侧，将实际笔画留住。

（三）章法

篆刻艺术并非简单的将文字照原样写入刻出即可，必须要具有艺术效果美的享受才能称之为篆刻，这主要依靠篆刻的章法布局。章法的处理过程，就是将文字进行合理的组织，将篆刻艺术多种技巧融汇的过程。篆刻章法的经营规律，本书采用汤兆基先生在《篆刻自学指导》一书中的观点，主要为：整齐均匀、对称均衡、离合分并、虚实清浊、主次偏正、繁简增略、粗细强弱、正欹险夷、节奏韵律、疏实相生、方圆曲折、参差穿插。

（四）款法

印章印面完成以后，多会在印章背面或者四周的一面或多面刻上一些文字，即为边款。古玺印中出现刻款的印章根据目前发现的材料来看始于隋唐时代。但那时印章的款主要是为了记录印文内容、铸造机构和时间等。不具备书法艺术的效果。但在南宋的私印中首次发现了边款，1971年，江苏张浦县张同墓中出土一方覆斗型铜质"张同之印"，在印顶刻有"野夫"二字，印的四周刻有"十有二月，十有四月，命之日同，与予同生"十六字篆书款。

宋时的篆刻印谱多不拓边款，所以篆刻边款具体起于何时并不清楚。自明清时以来，印章多刻有边款，边款有长有短，内容主要为：作者姓名、刻印的年代和日期、刻印目的、刻印的地点和场所、刻印所采用的艺术手法、对印学和技法的研究讨论、诗词文章等。刻款的书体有楷书、行书、草书、篆书、隶书等，或阴刻或阳刻，形式多样。

现在一般认为文彭、何震开创了印章边款艺术的先河。文彭刻制边款采用的双刀法，艺术效果类似于毛笔书写，特别是其行书边款笔势连绵，用刀如笔，显得气势豪迈。如文彭"琴罢倚松玩鹤"一印，五面刻款，皆用双刀行书刻款，气势恢宏。何震首创单刀刻款法，在技法上是一大突破，单刀刻款，一刀一笔，金石趣味浓厚。浙派丁敬楷书边款章法工稳，继起者皆师丁敬，同时邓派邓石如边款长于篆隶，格调很高。再传弟子吴让之多刻行书款，以一种三棱刻刀，以刀代笔直接写于石头上，别有趣味。至晚清时，赵之谦发展了边款艺术，首创阳文刻款，采用魏碑书体，奇绝开张，精美异常。除此之外，赵之谦将汉画像和佛造像引入边款又一次延伸了边款艺术，赵之谦的画像边款十分传神，惟妙惟肖，为印章边款史上的精品。如为好友魏稼孙刻的"仁和魏锡曾稼孙之印"一印的边款，以马戏人物和魏碑阳文入款。"餐经养年"印四面刻魏碑阳文和画像。（图116）浙派多用切刀刻款，至吴昌硕时发挥极致，更显苍茫老辣，同时期的篆刻大师黄士陵独辟蹊径，一改当时切刀刻款的风气，使用冲刀刻款，十分稳健利落。

图116 "餐经养年"印及边款

二、印在胸中之玺印的鉴赏

古代玺印是历史的见证，印文的内容，材质和刻款对于研究当时的政治制度、地理区域、年代的判断和古代历史人物的确认都有很重要的作用。明清以后篆刻艺术发展迅速，涌现出一批篆刻大家，他们的作品既是时代艺术的证明，也是十分珍贵的艺术品，对篆刻艺术史的研究有重要的意义。因此，市面上出现了许多的古代玺印和名人篆刻作品的仿品和伪品。众多的古玺印和篆刻艺术爱好者，出于对艺术的爱好往往会在不知如何鉴别的情况下受骗。为了避免此种情况，也为了进一步的使大家更深入的了解古玺印和篆刻艺术，以下对古玺和流派篆刻艺术作品的鉴赏进行简要的叙述。

对古玺印和篆刻艺术作品的鉴赏主要从材质、形制、款识、印文四个方面进行鉴赏。

（一）材质

玺印的材质自秦代始，都有严格的规定，但私印不受限制。

玉：战国时无定制，秦代始，天子方可用玉印，自汉代开始一直到清代玉印为皇帝、皇后专用。

金：传世金印多是两汉魏晋时期的，自隋以后少见金印。使用者为高官或贵族，低级官吏不允许使用金印，如西汉时期只有王、侯、太子、贵人、丞相、太尉等高官以及赐给少数名族首领的印章能使用金印。

银：古玺中常见材质，汉代凡二千石皆用银印龟钮，明代官印一、二品方可用银印。

铜：铜印自商周到清代一直沿用，存世数量较多。有一种铜质鎏金印章，多属魏晋南北朝时期的官印。

铁：铁质印章的使用始于汉代，唐宋时期偶见，明代时唯有御史使用铁印，流传数量较少。

（二）形制

历代印章的形制多有不同风格，印面大小、钮制多有不同。

历代印章印面多为方形。秦汉时期多见半通印，印面大小分为两个阶段：先秦至魏晋南北朝时期，此时印章印面较小，在1~3厘米见方左右，极少有超过3厘米者。隋唐至明清时期，此时印章主要用于钤盖纸张，失去佩戴作用，故印面增大，一般皆在5厘米见方以上，部分甚至超过10厘米。长条形印，早期少见，宋代以后，"关防""条记"等多用长条形。

印台厚薄不同时期有不同，整体为由薄向厚发展。秦官印印台厚度为0.3~0.6厘米，汉代为0.6~0.9厘米。唐代以后印台高达数厘米。

印钮也很具有时代特征。鼻钮战国至明清皆有，经历了一个由窄到厚再到窄的变化过程。瓦钮和龟钮最早见于西汉，西汉以前未见有此两种钮制。龟钮早期俯伏状，纹饰刻铸不清晰。东汉至魏晋南北朝时期，龟钮逐渐增高直至站立状，背足部的纹饰也逐渐清晰繁缛起来。隋唐以后，龟钮极为少见。隋唐以后官印钮制多为柄钮。明清以后多用杙钮。多面印多只出现在私印中，且时代在隋唐以前。

（三）款识

隋唐以前，印章不刻款。隋唐以后，印章方出现刻款，刻款多用楷书。唐代多不刻年款。西夏刻款多用西夏文字。金代刻款中多汉文和女真文字同时出现的情况。

（四）印文

战国玺印多有界格，或日字格或田字格。西汉早期有使用界格，但属少数，逐渐消失。先秦至汉武帝太初年间以前，印章皆有边栏，太初以后，印章无边栏。隋唐时期，边栏重新出现，且呈逐渐加粗的趋势。战国古玺以战国文字入印，秦印文字多刻凿，已经具有小篆的面貌。汉印多为铸印，印面布局丰满，字形工稳方正。魏晋南北朝时布局逐渐松散，出现较多急就凿刻印章。隋唐以后入印文字为朱文，笔画屈曲，至宋元笔画屈曲更甚，已经形成九叠篆。此外，不同的朝代往往官职名称不同，因此根据印章中出现的官职名称有助于印章的断代。

三、四大印石及辨伪

（一）细密坚润的青田石

篆刻艺术作品的材质主要为叶腊石，是上亿年前火山爆发过程中形成的。我国入印的叶腊石主要分为四个部分：青田石、昌化石、寿山石、巴林石。由于这四种石头特别适合入印，而且美丽异常，深得人们喜爱，被称为四大印石，上好的品种，许多人购买以后并不一定会把它拿来刻印，而是作为把玩收藏所用，可见名石之精美。

青田石（图117）产地在浙江省青田县。青田石石质细密坚润，色泽淡雅，变化丰富，以青色为主要颜色，上好的青田石呈半透明或部分透明的状态，用手把玩能够感受到细润的质地，刻起来很爽利，坚而不腻，深得篆刻家们的喜爱。青田石材，早在六朝的时候就已经被发掘出来了，在一些墓葬中发现有青田制的小石猪，宋代时已经有较多使用，

图117 青田石

明代时因为文彭的使用而名声大噪。青田石中名贵尊者当首推"灯光冻",紧随其后的当是"封门青"。

灯光冻又叫做"灯明石",明代时大篆刻家、两京博士文彭偶然得到,并用来刻印,一时间声名鹊起，为世人所重。颜色有点暗，深的有点类似琥珀，在灯光的照耀下呈红黄色，已经绝产。今天所见的灯光冻，多是青黄色，半透明状态，并不是真正上乘的灯光冻。

封门青，又称为封门冻，产地在青田县山口镇封门矿区，石质细腻，不坚不燥，色彩如嫩叶般颜色，十分淡雅洁净，像石中君子。刻制十分畅快，了无杂质，为篆刻家们所追捧。传说古时候有石农在封门洞中采石，得到冻石后，洞即被泉水淹没。石农觉得甚为有趣，就接连开了五个洞口，结果令人惊讶的事情发生了，五个洞全被泉水淹没了。洞中所产的冻石温润如玉，后人因此称为"五塘冻"。

市面常见封门青的作伪方法主要有三种：第一种是拿辽宁宽甸石来冒充。因为宽甸石色泽类似封门青，且光泽很好，如不仔细辨认，很难看出。但是宽甸石色泽显得浮躁，不够温润，而且石质不够好，能够看到砂钉。第二种是用石料添加颜色模压而成，模压法所制石头外形很难辨认，无裂纹，无杂质，特别容易走眼。但模压法因为并没有天然的石质内容纹理，所以石头内容肌理不容，用手一握，真的封门青会有一种沁凉的感觉，而模压法制成的石头很容易变暖。用手指弹击石面，真石声音沉闷，假的石头声音清脆。用刀刻制时，两者区别最为明显，真石受刀爽快，石粉飞溅，而假石刀下无粉末，容易粘刀。第三种是将真正的封门青切成薄块，然后填在普通石头的外面，以此来蒙混过关，这种很难辨认，主要弱点是在薄块拼接的位置，需要仔细辨认是否人工粘合。

（二）玉岩凤凰之昌化石

昌化石（图118）产地在浙江昌化县西北的玉岩山，昌化石石质致密，微透明，色泽沉着。昌化石中名贵品种当属昌化鸡血石。关于昌化鸡血石的形成还有一个美丽的传说。传说一对凤凰，看到人间受到蝗灾，就奋勇帮助人们扑灭蝗灾。当地百姓不忍凤凰离去，就请求凤凰留下来。这一对凤凰便因此留在附近的一座山上。因为凤凰的栖居，山岩变得洁白透明如玉一般，人们便称山为玉岩山。然而山上突然来了一堆野蛮的鸟狮，它们忌

图118　昌化石

玺印鉴赏与辨伪

妒凤凰，决心要把它们赶走。趁雄凤凰不在时，偷袭凤巢。雌凤凰勇敢与之搏斗。结果雄凤凰赶回来后，雌凤凰一只腿被啄断，凤凰蛋也被踏毁，血洒玉岩山，凤凰因此含恨离去。凤凰走后，人们日夜祈祷神灵保佑，感动了天地。玉帝因此命人将凤凰血和凤凰蛋点化成美丽的丹石，经过千万年的埋藏，形成了今日的鸡血石。鸡血石的作伪方法也很多，比如将昌化石挖出一些小坑，填入红色的硫化汞涂料，阴干后涂蜡。或者在昌化石上一层一层的涂抹硫化汞，然后在树脂中浸泡。这样伪造的鸡血石，血与石的交接处显得生硬，血色无层次感，且树脂表面会有棕眼，而真正的鸡血石是没有的。

（三）女娲补天遗留人间的宝石之寿山石

寿山石（图119）产地在福建省福州市北峰区寿山乡。根据开采位置的不同，分为田坑、水坑、山坑三种。石质细润，色彩丰富。寿山石中最为名贵的当为田黄石。田黄石产于水稻田地下，颜色黄色，故名。田黄石很

图119　寿山石

早即有开采，古时就有"一两田黄三两金"的说法，目前已开采殆尽，上乘的田黄石是无价之宝。田黄石传说是女娲补天时遗留人间的宝石，又有说是凤凰蛋所变，清代时被奉为"帝石"，乾隆皇帝有一用田黄石制成的三链章，奉为至宝。田黄石作伪方法多样。如选取色泽相近石材，置于硬砂中翻滚，然后黏上土或颜色，然后蒸煮，或者用假的石皮，或者用颜色涂抹。这样伪造的田黄石细细观察可以在外表发现翻砂的痕迹，或者石皮很松脆。鉴别时需要仔细观察各个方面。

（四）天赐之石之巴林石

巴林石（图120）产地在内蒙古自治区赤峰市的巴林右旗。石质细润，色彩丰富，纹理奇特，比以上三种名石要软，被成吉思汗称为"天赐之石"。巴林石大致可以分为鸡血石、福黄石、冻石、彩石等。其中以巴林鸡血石最为名贵。关于巴林鸡血石的出现有一个美丽的传说。传说后羿射日，射下九个太阳以后，第十个太阳因为害怕，躲了起来。可是人间不能没用太阳，于是炎帝就每日驾

图120　巴林石

车驱赶太阳东升西落。后来觉得这样不是长久之计，就把一个金鸡蛋交给人间的鸡公、鸡婆，以等待金鸡出世后每日呼唤太阳。但黑暗妖魔想要阻止这一切，决定破坏金鸡蛋。鸡公、鸡婆为了阻止妖魔，都不幸牺牲。正在这时金鸡诞生，一生呼喊，太阳出现万丈光芒，黑暗妖魔也死了。而鸡公、鸡婆牺牲的地方，血就变化成了鸡血石。

鸡血石分为地与血两部分，按照血色分为鲜红、大红、暗红等，按照形态分为条红、片红、斑红等。一块鸡血石必须达到血色凝结度高，分布集中，占据面积大的条件，方能成为上好鸡血石。

四、通过形制、款识、印文辨伪

（一）形制

在明清以来的流派篆刻艺术作品中，形制多样，且石质多样，不同的艺术家可能会使用同一中石质，而且此时印章的形制多数受艺术效果的影响较多，随时会产生变化。判断形制多数要从印章的材质入手，包浆以及磨损程度都能透露出一定信息，同时根据部分篆刻大家的使用习惯也可以作为参考，因此仅仅通过形制来判断篆刻艺术作品的真伪还远远不够。

（二）款识

款识是艺术家书法艺术的体现。不同的篆刻家书法艺术决然不同，体现在印章中则表现为每一个篆刻家都有不同的款识风格。

如文彭的边款用双刀，显得气势贯通，秀雅飘逸。何震单刀刻款，多了几分苍茫。黄易善刻隶书边款，有高古气息。吴让之使用三棱刀，以刀作笔直接写款，多行书款，飘逸俊秀。赵之谦常用魏碑刻阳款，奇崛开张。黄士陵用冲刀刻款，体式稍微倾斜，清朗俊逸。吴昌硕切刀刻款，苍茫老辣。但并非通过刻款就能断定印面作者，如篆刻大家吴让之印作常不刻款，后代有部分篆刻家会在其作品上补刻款识，如吴昌硕就曾在吴让之的印作上补刻过款识。

（三）印文

印文最能体现艺术风格，但必须对篆刻家艺术作品有大量收集和全面深入的了解，达到耳熟能详的程度。现在印面的作伪手段形式多样，或者直接按照原印制作，或者修改其中部分文字，制作风格类似的印以冒充；或者仿照作者风格直接制作伪品。因为仿制的技术已经很高，仅靠对印面印文的判断已经不能达到鉴定的目的，要将印材、形制、款识和印文结合起来进行判断，只要仔细观

察必然能够发现作伪者的手段，达到鉴定辨
伪的目的。

中国的古玺印和篆刻艺术是中国悠久历
史文化和卓越艺术的见证，对印学和印人的
研究以及篆刻艺术的传承还要靠一代一代的
龙的传人不断地继续下去。

参考文献

罗福颐：《古玺印概论》，文物出版社，1982年。

沙孟海：《印学史》，西泠印社，1987年。

孙慰祖：《古封泥集成》，上海书店，1994年。

曹锦炎：《古玺通论》，上海书画出版社，1996年。

王廷洽：《中国印章史》，华东师范大学出版社，1996年。

周晓陆主编：《二十世纪出土玺印集成》，中华书局，2010年。

钱君匋、叶路渊：《中国玺印源流》，上海书局有限公司，1974年。

罗福颐、王人聪：《印章概述》，三联书店，1963年。

罗福颐：《古玺汇编》，文物出版社，1981年。

王志敏、闪淑华：《中国的印章与篆刻》，商务印书馆，1997年。

叶一苇：《中国的篆刻艺术与技巧》，中国青年出版社，1993年。

刘江：《中国印章艺术史》，西泠印社，2005年。

陈根远、阳冰：《方寸之间见世界——中国古代玺印篆刻漫笔》，四川教育出版社，1998年。

那志良：《鈢印通释》，台北商务印书馆，1970年。

上海博物馆编：《上海博物馆藏印选》，上海书画出版社，1979年。

王人聪：《秦汉魏晋南北朝官印研究》，香港中文大学文物馆专刊，1990年。

叶其峰：《古玺印与古玺印鉴定》，文物出版社1997年。

康殷：《古图形玺印汇》，河北美术出版社，1983年。

延伸阅读书目

罗福颐主编：《故宫博物院藏古玺印选》，文物出版社，1982年。

罗福颐：《秦汉南北朝官印征存》，文物出版社，1987年。

萧高红：《中国历代玺印精品博览》，江西人民出版社，1995年。

周晓陆、路东之：《秦封泥集》，三秦出版社，2000年。

何琳仪：《战国文字通论》，中国书局，1989年。

《吉林大学藏古玺印选》，文物出版社，1987年。

吴颐人：《篆刻五十讲》，上海人民出版社，1993年。

孙洵：《民国篆刻艺术》，江西美术出版社，1994年。

景爱：《金代官印集》，文物出版社，1991年。

陈松长：《玺印鉴赏》，漓江出版社，1993年。

王伯敏：《古肖形印臆释》，上海书画出版社，1983年。

汤兆基：《篆刻自学指导》，上海书店出版社，1992年。